新 将命
Masami Atarashi

経営者が絶対に「するべきこと」「してはいけないこと」

50「Do's」&「Don'ts」FOR BUSINESS SUCCESS

はじめに

40年以上の経営経験から、強く実感していることがある。

それは「優れた経営者には例外なく原理原則とバランス感覚がある」ということだ。

勝ち残っている企業を見ると、経営には国籍、国境、業種、業態、企業規模、時代を超越した原理原則がある。

原理原則の対局には我流、自己流がある。自己流のみに溺れると企業の成長は早晩《そうばん》止まってしまう。優れた経営者は、自分の個性やアイデンティティは大切にしながらも、原理原則を見事に身に付けている。これが第一の能力であり、第二がバランス感覚だ。

経営に、行き過ぎや怠りは禁物である。ある種のエッジ（とんがり）は必要だが、とんがりばかりでは企業は長続きしない。

たとえば、仕事か家族かと問われれば、日本ではほとんどの経営者が仕事と答えるであろう。

だが、仕事に熱心なあまり家族は全く顧みない、休日も返上して仕事のみという人は明らかにバランスを欠いている。反面、家族や個人的趣味は大事にするが、仕事は手抜き工事という人では経営者として、それどころか人間として失格である。

世の中、完全なバランスなどというものはあり得ない。偏りは避けられないばかりでなく、ときに必要ですらある。だが、どちらかに偏り過ぎてはいけないのだ。

企業にとって利益は重要課題だが、利益至上主義が高じて、顧客の安全や商品の品質を疎《おろそ》かにすれば、当面、利益を上げることはできても、長続きはしない。企業は経営者を含め必ず社会的な制裁を受ける羽目に陥る。

一方、経営者が社会貢献ばかりにかまけて、肝心な企業の利益を軽んじていれば、早晩その会社は傾いてしまうに違いない。

顧客第一主義を徹底するのは、だれにも異存はないだろうし、私も顧客満足・顧客感動を最重視すべきだと考えている。

しかし、顧客第一主義を貫くあまり社員に過剰な負担を強いていたらどうであろうか。顧客満足の直接的な担い手である社員の満足感をないがしろにして、真の顧客満足が実現できるはずがない。行き過ぎた顧客第一主義は、かえって顧客満足の品質を損なうことになる。

「のれん」(ブランド)に対する信用は、企業にとって貴重な財産でもある。といって、老舗の「のれん」の信用に全面的に依存して、改革を怠りチャレンジを忘れ、旧態依然としたままの商売を続けていれば、いかに歴史ある企業といえども、じわじわと時代の流れに押され、やがてにっちもさっちもいかない状態に追い込まれてしまう。

このように、どんなに大事なこと、貴重なものであっても、一方に偏っていたり、行き過ぎていれば、かえってそれが仇となってしまう。また、大事なことを怠っていれば、たちまち企業は経営の危機に瀕することになる。

「過ぎたるはなお及ばざるがごとし」(『孔子』)というが、過ぎてもダメ、及ばなくてもダメなのが経営なのである。したがって、必要なのは「エッジ(とんがり)を伴ったバランス感覚である」ということになる。すなわち、優れた経営者の持つバランス感覚とは、企業経営のうえで過剰でも不足でもない絶妙のバランスをとる、研ぎ澄まされた感覚のことであり、いわば経営の「スイート・スポット」である。

しかし、口で過不足のないバランス感覚が大事と言うだけでは単なるお題目に過ぎず、なにをどうすればよいかわからない。もっと具体的にやるべきことと、してはならないことをはっきりと教えてほしいという経営者の声がよく耳に入って来る。

そこで、本書は代表的な経営上の問題の50要素を取り上げ、それぞれについて、するべきことと「Ｄｏ」と、してはいけないこと「Ｄｏｎ′ｔ」を具体的に述べることにした。

するべきこと「Ｄｏ」をやり、してはいけないこと「Ｄｏｎ´ｔ」をしないというのは、それが経営のバランスをとることにつながるからである。

実際の企業経営では、日常的に星の数ほど問題が生じる。また、企業は「生き物」であるので、経営には「ザ・正解」はない。まさに「人生いろいろ、会社もいろいろ」である。バランスのとり方も、企業によって、また同じ企業でも、ときと場合によってはさじ加減が異なってくることがある。それらを一つひとつ克明に説明することは一冊の書籍では不可能であるが、本書で取り上げた50の経営問題についての「Ｄｏ」と「Ｄｏｎ´ｔ」を覚えておけば、経営者にとって「これだけは！」という原理原則を学ぶことはできる。

私が本書の執筆を決意したのは、経営者が日常的な経営の問題に対処するとき、本書で取り上げたするべきこと「Ｄｏ」と、してはいけないこと「Ｄｏｎ´ｔ」が大いに役立つはずだという確信を持っているからである。

もうひとつの執筆を決意した動機がある。私はこれまで「するべきこと」に関して多くの著書を出版してきた。だが、不思議なことに「してはいけないこと」について書いたものはない。そのため遅まきながら「してはいけないこと」についても書くということが、私にとっては新鮮な試みだったのも本書執筆の理由である。

いわく言いがたい経営の本質や原理原則について、あえてするべきこと「Ｄｏ」と、してはいけないこと「Ｄｏｎ´ｔ」にわけて説明することで、そこには「バランス」というものが生まれた。

実効性を高めるためにチェックシート類もできるだけ載せている。これらチェックシート類も含め、本書の内容は、私の40年以上の経営体験の蓄積から生まれたものである。ぜひ「実行」することにより「実効性」を高めてもらいたい。

本書は、主に経営者を対象にして執筆した。しかし、本書の内容は現役の経営者のみならず、次世代の経営者や広くリーダー全般に役立つものと確信している。部下を持つ人、組織で責任ある地位にいる人に、ひとりでも多く読んでもらい、自社および自分の経営者品質を高めるためにお役に立てていただきたいと願っている。

２０１６年１月

新　将命

Contents

第2章 人財育成のための「Do's」と「Don'ts」

第3章 自分育成のための「Do's」と「Don'ts」

第5章 職場活性化のための「Do's」と「Don'ts」

第1章

勝ち残る企業を創るための「Do's」と「Don'ts」

「長期を考えない企業は、多くの場合、目的地と海図のない船のように漂流し、とどのつまりは沈没（倒産）という運命が待ち構えている。まさに“短期は損気”なのである」

Do するべきこと

01【原理原則】不易《ふえき》を貫き、勝ち残る企業を創れ

経営者の最大の責任は「会社を潰さない」ことだ。理由は単純明快。

会社を倒産の羽目に追い込めば、ステークホルダー（利害関係者）に絶大な迷惑をかける。社員はとりあえず職を失うし、銀行は貸倒金が生じる。だから経営者は会社を倒産させてはならない。多くの人が困るからだ。「トーサン困る。カーサン困る」ということになる。

表現をもっと前向きに変えれば、経営者の最大の責任は「勝ち残る企業を創る」ことだ。「勝つ企業」ではない。「勝ち残る企業」である。

現代は変化の時代。事実、グローバル化を含め社会の変化は激しい。〝ビシビシ、ガタガタ〟と音を立てて物事が大きく早く変わっている。急激なテクノロジーの進歩は産業構造を根本から変える。企業にとって変化に対応する（できれば先取りする）ことは極めて重要だ。

しかし、勝ち残る企業を創る経営者には、変化の前にもっと重要なことがある。俳聖松尾芭《まつおば》

蕉《しょう》の言葉に、「不易を知らざれば基《もと》立ちがたく、流行を知らざれば風新たならず」というものがある。「不易流行《ふえきりゅうこう》」である。どんなに時代が変わっても、この世には決して変わらない本質、原理原則というものがあるのだ。流行も追わなくてはならないが、その前に、不易、すなわち原理原則を知らなくてはならない。企業経営も同様。不易を忘れた流行は不益だ。勝ち残る企業を創るには、経営の原理原則を知らなければならない。それが21ページのチャートである。

企業の盛衰《せいすい》に対して最も影響力が大きいのは経営者品質である。経営者品質が上がれば、時間の経過とともに社員品質が上がる。社員品質が上がれば、これまた時間の経過とともに商品、サービス、組織力（チームワーク）品質が上がる。そうなれば自ずと顧客満足が上がる。顧客満足が高まり顧客感動が生まれれば、結果として業績が上がる。業績が上がれば、株主の評価と期待が上がり株価が上がる。その結果、企業の市場価値（株価×発行株数）は高まる。フローチャートは上から下へと進んでいる。一番上の原点には、経営者品質がある。「魚は頭から腐る」というロシアの諺《ことわざ》がある。企業は「経営者」という頭の品質により光りもし、腐りもする。

ほとんどの経営者は、我が社をビッグ（大きく）にしたいと思っているものだ。
現在の年商が10億円なら20億円に、20億円ならゆくゆくは50億円に、できることなら100億円に、次は1000億円にと、企業がビッグであるということは社会的影響力も大であり、経営者として自分の思ったこともやりやすくなる。まさに「大きいことはよいことだ」なのである。

ところが、ただただビッグばかりを狙っていると、ついつい会社の体質を強化するという基本を疎かにしがちだ。経営の基盤を強固なものにする、人財を育成する、既存客との関係を改善してパートナーシップを実現するなど、我が社をグッド（よい）な会社にするという原点を忘れがちになる。

多くの場合、経営者が、会社が成長して（グッドのない）ビッグになったと考えているのは美しい（空しい）錯覚で、実のところ「成長（ビッグ）」と考えていたのは、実態は空疎な膨張であったということだ。実態は「拡大」に非《あら》ずして単なる「肥大」なのである。「ビッグ」が望ましいということは論を俟《ま》たない。だが、グッドをないがしろにしたビッグには何の意味もないどころか、膨張した会社がいつバブルのように「バンッ！」と弾けてしまうかもしれないという危険を伴うのである。

経営者には「ビッグ」と「グッド」の間にバランスをとるという能力が求められる。「ビッグ」になるためには、その前に「グッド」であることが必要なのだ。「グッド」に「ビッグ」が加わると、そこには「グレート」が生まれる。

勝ち残る企業創りのフローチャート

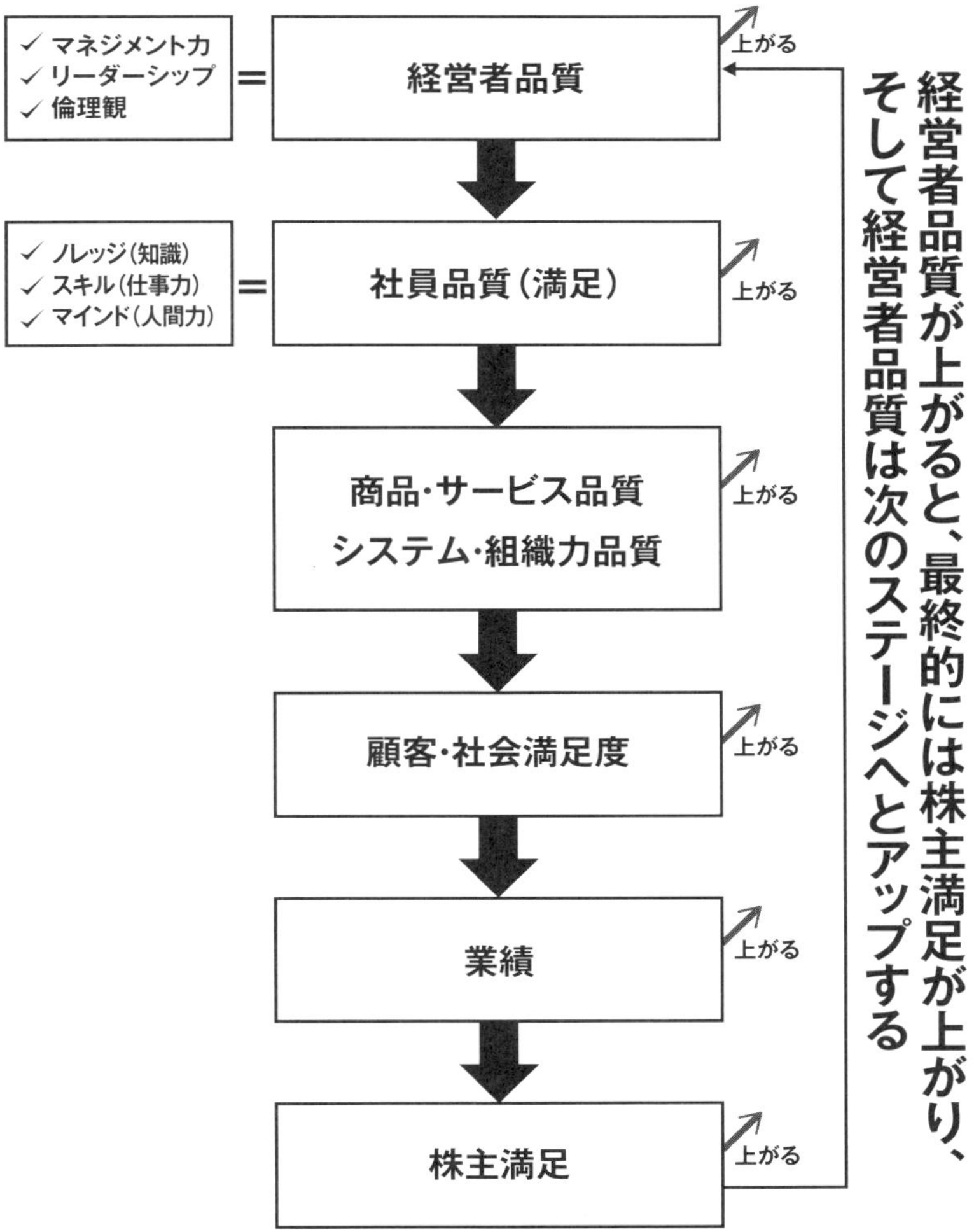

Don't
してはいけないこと

01 【原理原則】
本末転倒の〝年替り定食経営〟に陥るな

ゴーイング・コンサーン（継続的企業）という言葉がある。本来、経営とはゴーイング・コンサーン、つまり継続的繁栄を目指すものである。経営者は、「継栄者《けいえいしゃ》」でなければならない。したがって、経営者にとって最も重い罪は会社を潰すことである。

日本人は現在117歳（2015年時点）が最高齢とされているが、企業で見ると200年を超える長寿企業は3937社、うち500年以上が147社、1000年以上の企業さえ21社あるという（「永続経営研究所」資料）。私自身が日本法人の経営に携わった、アメリカに本社を置くヘルスケア企業「ジョンソン・エンド・ジョンソン」や、オランダに本社を置く電機メーカー「フィリップス」も、120年を超える歴史を持っている。

経営者が舵取りを誤らなければ、会社の寿命は限りなく延びる。では、どうすれば延びるのか。前ページの「勝ち残る企業創りのフローチャート」を実現すればよい。

正しいフローチャートは「不老チャート」でもあるのだ。この流れの中に大きな欠陥があると、フローチャートは「不良チャート」と化してしまう。

一方、創設から10年後に残る企業は約7割、20年後には約半数しか残らないというレポートもある（帝国データバンク調べ）。２００年超の歴史を誇る長寿企業と10年足らずで消滅する短命企業、両者の違いはどこにあるのか。端的に言えば、それは経営者の違いである。

「バカな大将敵より怖い」

経営破綻した北海道拓殖銀行を救済した北洋銀行の元頭取、武井正直《たけいまさなお》氏の言葉である。

経営者が陥りがちなのが、流行の経営理論や経営手法に飛びついて組織や事業の変革を行うことだ。私の見るところでは、流行の経営理論や手法を取り入れた企業のほとんどが失敗か、さらなる方針転換を余儀なくされている。失敗の代表例には「ソニー」が挙げられる。目先の変化を求めるだけの、日替り定食ならぬ〝年替り定食経営〟では成功はおぼつかないのである。

流行の経営理論や経営手法は斬新で創造性に富んでいるように見え、概してかっこよく耳ざわりもよい。しかしピーター・F・ドラッカーはこう言っている。

「創造性はかっこうがよい。問題は死亡率が高いことだ」

管理者と経営者の違い

	〈管理者〉	〈経営者〉
・経営レベル	戦術	方向性 (理念・目標・戦略)
・変化	改善・リスク回避	革新・計算されたリスク(胆識)
・関心の対象	モノ・カネ (管理・コントロール)	ヒト (鼓舞・インスパイア)
・時間軸	短期	中長期
・影響力の根源	地位	人望

2つのPDCA

〈管理者のPDCA〉	〈経営者のPDCA〉
1. **P**lan(計画)	1. **P**assion(情熱)
2. **D**o(実行)	2. **D**irection (方向性の確立と発信)
3. **C**heck(評価)	3. **C**ommunication (コミュニケーション能力)
4. **A**ct(改善)	4. **A**ction(迅速な行動力)

Do○
するべきこと

02
【方向性】

トンネルの先に光を示せ

ビジネスに問題はつきもの、むしろ問題の連続といってもよい。

ピンチのときに経営者や組織のリーダーが、社員の心をインスパイア（鼓舞）しなければ、社員はお先真っ暗のトンネルの中に置き去りにされたようなものである。

人はピンチのときでも、トンネルの先に光が見えればがんばれる。哀しいのは「お先真っ暗」状態だ。「トンネルの先の光」とは「方向性」である。

どこに向かっているのか、いまどこにいるのか、何をどうするのか、結果はどうなったのか、それらがわからないと社員はトンネルの中でさまようことになる。疲労感、疲弊感、閉塞感が生まれる。私はこれを「平成の３Ｈ」と呼んでいる。社員をトンネルの中に迷わせてはならない。光となる方向性とは、（理念＋目標＋戦略）である。その後に戦術が続く。

理念、目標、戦略、戦術については後に詳しく述べるが、トンネルの先の光となる方向性は、社員にとっても「夢」と「希望」「期待」「楽しみ」が感じられるものでなければならない。方向性が、全社員に共有・共感されると社員の心は明るく光り輝くのである。

１９７０年代、それまで日本の産業を支えてきた繊維産業が、米国との国際的なトレードによって不況に陥った。

いわゆる繊維不況である。

輸出を牽引してきた繊維産業は、輸出量を抑えられ販路を失った。

そうしたお先真っ暗な中で、一社の代表的な繊維メーカーが炭素繊維という新技術に方向性を見出した。東洋レーヨン、現在の東レである。

まだ海のものとも山のものともわからない炭素繊維だったが、同社には「新しい価値の創造」という理念があった。

そして目標、戦略に沿って徐々に市場を広げた。まず釣り竿、ゴルフクラブ、さらに航空機材料とステップアップをしたのだ。

東レの炭素繊維はどこに向かうのか、そしていまはどこにいるのか、そうした方向性を明確に示しながら成長したのである。

Don't

してはいけないこと

02【方向性】

四半期業績主義に惑わされてはならない

会社の経営は長期視点で考えるべきですか？　それとも短期決戦で勝負をすべきですか？という素朴な質問を受けることがある。答えはもちろん、〝両方〟ということだ。

一般的にアメリカ式経営というと「（短期）株主資本主義」や、四半期経営（quarterly management）という言葉が頭に浮かぶ。3年先、5年先のことはどうでもよい。とりあえず今年、いや今期の利益を最大化しよう、それにより株主の期待に応えよう、自分に与えられるストック・オプションも増やせるな、という考え方である。ところが、である。

今年の売り上げ、今期の利益という短期決戦にばかりに血まなことなり、将来、すなわち長期的な視点で経営を考えない企業は、多くの場合、目的地と海図のない船のように漂流してしまう。とどのつまりは、沈没（倒産）という運命が待ち構えている。まさに〝短期は損気〟なのである。

「走ることができる前には、歩けなければいけない」というイギリスの諺がある。歩くとは、とりあえず短期の目標を達成して結果を出すということだ。対する長期（走る）とは3年、5年、さらには10年先を見据えた企業理念や目標、戦略があるということである。企業の経営においてはもちろん短期業績は大切だが、加えて長期視点が必要となる。

「誰でも短期だけをマネージすることはできる。誰でも長期のみを語ることはできる。肝心なのはこの2つの間にバランスをとることだ」（ピーター・F・ドッラカー）

そこで質問。あなたの会社では短期と長期のバランスがとれていますか？

短期経営と長期経営の違い

（短期）

第一四半期	第二四半期	第三四半期	第四四半期
求められるのは　売上・利益（短期的）			
必要なのは　戦術・人（仕事力）			

（長期）

今年	来年	再来年	5年後	10年後
求められるのは　売上・利益（継続的）				
必要なのは　方向性（＝理念＋目標＋戦略）＋戦術 組織力（チームワーク）＋システム				

Do○
するべきこと

03【企業理念】組織に魂を吹き込め

現実にリストラをせずに業績を回復基調に乗せるには、経営者も社員も相当な苦難を乗り越えなくてはならない。ぬるま湯体質の組織では、到底できない相談である。

1960年代半ば、東芝は経営危機に陥った。そのとき、再建に手腕を発揮したのが、その後に経団連（現日本経団連）会長を務めた土光敏夫《どこうとしお》氏である。

このとき土光氏が導入したのが、目標による管理であった。技術は一流だが、どちらかというと武士の商法的な東芝の社風に、目標とその達成という厳しさを持ち込んだのである。いわば組織に活を入れたといっていいだろう。その結果、東芝は業績を回復させた。

一方、最近の東芝の不正会計事件では、この不正会計を誘発した原因が、トップからの目標必達命令「チャレンジ」だといわれている。「チャレンジ」が土光時代の目標による管理に由来するものであることは明白だ。同じ企業の同じ制度が、かたや企業の再建に大きく貢献し、一方では企業の不正の原因となる。実に奇妙な現象に見える。しかし、こうしたことは決して奇妙ではない。もともと制度というのは、その背景にある理念や信条を理解せず運用すれば、かえって悪い面ばかりが強調される傾向にある。どんなに切れ味のよい刀でも、持つ人によっては名刀にも凶器にもなり得るのである。

仏つくって魂入れず。最近の東芝には土光マインドが失われていたのではないか。「チャレンジ」が「結果を出すためには何でもやれ。当面の目標（利益）のためには手段を選ぶな」となったのではないか。理念なき制度の下では、正しい結果は出ないのだ。

優れた企業理念は次の5つのメリットをもたらす。①求心力　②社員の誇りと動機　③ステークホルダー（利害関係者）からの信頼　④求人力アップ　⑤業績向上である。

最後の⑤業績向上には、このようなデータもある。

アメリカの研究機関で、企業理念のある会社とない会社の20年間の経常利益額を比較したとき、ある会社はない会社に対して約2倍強の差をつけた。経常利益率で比較した場合には4倍近くの差がついたという。経営者は理念・信条を疎かにしてはならない。

理念＝使命感（ミッション）＋ビジョン＋価値観（バリュー）である。会社は何のためにあって、何をして社会に貢献するのかという使命感（ミッション）、我が社のあらまほしき理想像（ビジョン）、何が大切かという価値観（バリュー）・理念、それらに共鳴・共感する社員が、勝ち残る企業を創るのである。

ジョンソン・エンド・ジョンソン「我が信条」全文

我が信条

我々の第一の責任は、我々の製品およびサービスを使用してくれる医師、看護師、患者、そして母親、父親をはじめとする、すべての顧客に対するものであると確信する。顧客一人一人のニーズに応えるにあたり、我々の行うすべての活動は質的に高い水準のものでなければならない。適正な価格を維持するため、我々は常に製品原価を引き下げる努力をしなければならない。顧客からの注文には、迅速、かつ正確に応えなければならない。我々の取引先には、適正な利益をあげる機会を提供しなければならない。

我々の第二の責任は全社員——世界中で共に働く男性も女性も——に対するものである。社員一人一人は個人として尊重され、その尊厳と価値が認められなければならない。社員は安心して仕事に従事できなければならない。待遇は公正かつ適切でなければならず、働く環境は清潔で、整理整頓され、かつ安全でなければならない。社員が家族に対する責任を十分果たすことができるよう、配慮しなければならない。社員の提案、苦情が自由にできる環境でなければならない。能力ある人々には、雇用、能力開発および昇進の機会が平等に与えられなければならない。我々は有能な管理者を任命しなければならない。そして、その行動は公正、かつ道義にかなったものでなければならない。

我々の第三の責任は、我々が生活し、働いている地域社会、更には全世界の共同社会に対するものである。我々は良き市民として、有益な社会事業および福祉に貢献し、適切な租税を負担しなければならない。我々は社会の発展、健康の増進、教育の改善に寄与する活動に参画しなければならない。我々が使用する施設を常に良好な状態に保ち、環境と資源の保護に努めなければならない。

我々の第四の、そして最後の責任は、会社の株主に対するものである。事業は健全な利益を生まなければならない。我々は新しい考えを試みなければならない。研究開発は継続され、革新的な企画は開発され、失敗は償わなければならない。新しい設備を購入し、新しい施設を整備し、新しい製品を市場に導入しなければならない。逆境の時に備えて蓄積を行わなければならない。これらすべての原則が実行されてはじめて、株主は正当な報酬を享受することができるものと確信する。

ジョンソン・エンド・ジョンソン

Don't
してはいけないこと

03
【企業理念】

理念を形骸化《けいがいか》させるな

企業理念には有形無形のメリットがある。

しかし、漫然と理念があるだけでは、「生きた」理念とはならない。「生きた」理念でなければ、理念には何のご利益《りやく》もない。

一般に企業理念には4つの型（パターン）がある。

1．不在型　そもそも理念など存在しない。一円にもならない理念など不要だと経営者が考えている型である。

2．暗黙型　成文化されていないが、創業者から言い伝えられている不文律のようなものはある。ただし、社員に対して発信はされていない。この型はいわゆるワンマン企業に多い。

3．形骸《けいがい》型　あることはあるし、文章化もされているが、社長をはじめとして社員から顧みられていない。意識もされず活用されてもいない、化石もしくは死骸のような理念。私の見るところ、日本の会社の理念の95％以上は形骸型である。

4．活性型　理念が企業の方向性や戦略に反映され、社員の行動指針にもしっかりと落とし込まれている。活性型の理念を持っている企業は全体の5％以下である。

理念に生命を吹き込むには条件がある。

次のページに「生きた企業理念の10条件　評価表」掲げているので参考にしてほしい。60点以下の企業は右ページの1～3のいずれかに当てはまると考えてほしい。

企業理念が活用されている例にも触れておこう。これは5つある。

1．経営者が主導して全員がワーキングツール（仕事の道具）として使っている
2．朝礼の場で唱和している
3．理念研修によって徹底的に学習している
4．印刷物にして全員に配布している
5．社内随所に掲示（見える化）している

知って行わざるは、これすなわち知らざるなり。

知っていても実行しないのなら、それは知らないのと同じ。あっても使わないのなら、ないのと同じ。理念はワーキングツール（仕事の道具）となって、行動に移されてこそ命を得る。

生きた企業理念の10条件　評価表

I. 作成手順・プロセス

評価（10点満点）

1	作成の過程に社員の十分な参加・参画がある。	

II. 内容

2	紙に書いてあり、“見える化度”（Visibility）が高い。	
3	表現、内容、長さがユーザー・フレンドリー（User Friendly）であり、人を鼓舞（Inspire）する。	
4	差別化（Wow!）があり、戦略の根源（Root）として機能している。	
5	顧客志向である。	

III. 浸透・活用

6	ステークホルダー、特に社員に対し十分にコミュニケートされ理解、納得されている。	
7	経営判断・決断や業務の場で“道具”（Working Tool）として使われている。	
8	定期的に実践評価が行われ是正措置が採られている。	
9	必要に応じて改訂を加えている。	
10	トップの強いコミットメントが具体的な形で示されている。	

合計

Do○ するべきこと

04【目標】

〝マス〟目標をSMARTに作れ

目標＝願望＋時限設定＋行動計画、これが目標の方程式だ。

願望というのは「夢」である。願望が「夢」であるうちは、スティーブン・フォスターの歌にある「ビューティフル・ドリーマー」である。永遠の蜃気楼で終わってしまう。願望を実現させるためにはどうすればよいか。願望を「目標」に転換することである。目標とは何か。それが冒頭の方程式だ。

目標とは、願望にプラス「いつまでに達成するのか」という時限設定と「そのために何をするのか」という行動計画が加わっていなければならない。願望に時限設定と行動計画がプラスされることで、夢はにわかに実現性を帯びてくる。すなわち、目標は「いついつまでに○○し〝マス〟」という決意（コミットメント）でなければいけない。

私自身のことを言えば、30代の私は「45歳までに社長になり〝マス〟」という目標を立てた。

時限設定を45歳とし、その間、30代でどんなスキルをどこまで身に付けるのか、40代にはどこまでできているか、年代ごとの時限設定と行動計画を決めて、若干の紆余曲折、軌道修正はあったが、ほぼ計画どおりに実行してきた。結果、ちょうど45歳のときに社長就任という〝パープレー〟ができた。願望を「○○しタイ」という〝タイ〟願望のままにせず、「何年までに○○しマス」という〝マス〟目標にすることが、目標を達成するはじめの一歩なのだ。

これは個人の話だけのことではない。企業でも同様である。企業の大目標を達成するには、事業部門や担当社員一人ひとりが中目標、小目標を達成する必要がある。会社全体で〝マス〟目標を掲げることが重要だ。〝マス〟にはもうひとつ効果がある。「○○し〝マス〟」と宣言すれば、目標に自ずから〝決意（コミットメント）〟が伴う。そこには大小を問わず結果責任（アカウンタビリティ）が生じるものだ。責任はやる気の起爆剤ともなる。〝Walk the Talk〟すなわち有言実行、言行一致《げんこういっち》、言った以上はやらなければならない。

アメリカには、〝決意（コミットメント）〟を説明するときによく使われるたとえ話がある。「ハムエッグをつくるときに、ニワトリは参加するだけだがブタはコミットメントしている」ニワトリは卵をポンと生み落としたら、それでお役御免だが、ブタは自分の命をかけているということだ。コミットメントによって、目標達成の可能性が高まるのは言うまでもないだろう。企業に必要な社員はニワトリではない。ブタである。

Don't してはいけないこと

04 【目標】〝タイ〟目標は作ってはならない

前項で述べたように、夢や願望とは「○○し〝タイ〟」、「○○になり〝タイ〟」である。先述したとおり、夢や願望は目標という形になってはじめて実現の可能性が見えてくる。目標とはすなわち、「○○し〝マス〟」であり、「○○になり〝マス〟」である。「ああなりタイ」「こうなりタイ」の〝タイ〟目標では、単なる願望で終わってしまう。

〝タイ〟目標から〝マス〟目標にするにはどうすればよいか。そのためには、目標の原理原則について知る必要がある。目標には4つのタイプがある。

1．やれるはずがない！　という「あきらめ目標」
2．やりタイ！　という「願望目標」
3．やらねばならぬ！　という「強制目標」
4．やりマス！　という「コミットメント目標」

当然目標は、4の「コミットメント目標」でなければならない。3の「強制目標」では「やらされ感」がつきまとう。目標は「やらされ感」ではなく「やりたい感」が大切なのだ。

次に目標が達成できない原因には次の7つがある。
①そもそも目標が高すぎた
②納得できるコミットメント目標でなかったため（本人および部下の）、やる気が出なかった
③やり方（プロセス）が間違っていた
④他部門の協力を得ることができなかった
⑤供給者の押し付け（プロダクト・アウト）が先行して顧客のニーズ（マーケット・イン）に十分耳を傾けていなかった
⑥目標達成に対するインセンティブ（経済的刺激・精神的刺激）がなかった
⑦想定を大きく超える状況変化（社内外）が起きた
では、どうすれば目標を達成できるのか。その答えはＳＭＡＲＴ目標にある。

ＳＭＡＲＴ目標とは次の5条件を備えた目標のことだ。

Ｓｔｒｅｔｃｈ（ストレッチ）目標はすこし背伸びをすれば届くくらいの高さに設定するのがいい。背伸びで届く範囲をはるかに超えた無理な目標設定は失敗のもとである。

会社も人もムチャをすれば潰れてしまうが、ムリをしないと伸びない。ストレッチとはムリをするということである。英語には〝Challenging but attainable.（挑戦的ではあるが達成可能）〟という表現がある。私は「やってやれないことはない」と訳している。

Ｍａｎａｇｅａｂｌｅ（マネージアブル）会社と屏風《びょうぶ》は広げすぎると倒れる。「すべてを追

えばすべてを失う」という言葉もある。目標を達成するには「集中」が必要だ。目標の数は管理しやすい数、せいぜい3つか4つに抑えることである。

もうひとつ重要なことがある。〝What gets measured gets done.（測定できるものは実行される）〟。目標はできる限り数値化することだ。数値化することで実行に移される。

Accepted（アクセプテッド）納得（コミットメント）目標という意味。納得目標は強い動機づけを生む。「やってやるぞ！」という強い決意も納得によって生まれるものだ。

Resource（リソース）経営資源の裏付けである。組織が目標を達成するには。目標に見合った人・モノ・金・時間・情報・技術などの経営資源が必要だ。個人の目標を達成するには意欲だけでなくスキルや人脈も必要となる。経営資源の裏付けも目標達成の条件だ。

戦争をするときに竹槍では勝てない。武器弾薬が必要だ。

Time（タイム）時間とは時限設定のことである。時限設定とは「いつまでに」ということである。「そのうち、そのうち」では何事も実現することはない。「そのうち、そのうち、べんかいしながら日がくれる」という相田《あいだ》みつを氏の詩もある。日本企業には目標は（それなりに）あるが時限設定がないケースが多いのには驚く。

次ページの「SMART目標評価表」を幹部といっしょにチェックし、自社の目標達成品質を高めることをおすすめする。ちなみにスマートとは「賢明」という意味だ。賢明な目標はSMARTなのである。

SMART 目標評価表

		《満点=10》
Stretch	1. ストレッチ度	
Manageable	2. 数の絞り込み	
	3. 戦略・戦術の裏付け	
Accepted	4. 関与	
	5. ロジック	
	6. 森の中の木（全社目標の中の個人目標）	
Resource	7. 経営資源の裏付け	
Time	8. 時限設定（デッドライン）	
	9. タイムスパン（短＋中長）	
	合計	

Do○するべきこと

05【戦略】

戦略という名のブルドーザーを機能させよ

そもそも戦略とは何か。次に述べるのは、戦略に関する私の定義である。

「戦略」とは、企業理念に基づいた中長期の目標を達成するために、顧客に歓迎される差別化とコアコンピタンスを伴った経営資源（人・物・金・情報・時間・技術）の最適化を図ることだ。これにより、企業の継続的な利益を伴った成長を実現するための青写真なのである。

「意図では山は動かない。山を動かすのはブルドーザーである。戦略がブルドーザーである。戦略が山を動かす」（ピーター・F・ドラッカー）

山とは組織のことで、意図とは理念と目標のことである。

理念と目標は方向性を決める出発点だが、それだけでは山（組織）は動かず何も変わらない。組織という山を動かすには戦略という強力な牽引力（ブルドーザー）が必要なのだ。

「戦略とは集中である」（サー・ウィンストン・チャーチル）

戦略とは「あれもこれも」ではなく、「あれかこれか」なのである。的が増えれば増えるほど、矢の当たる確率は減ってくるものだ。

私の体験談をひとつご紹介しよう。

私はアメリカに総本社を置く、世界的なグリーティングカードの製造・販売会社の日本法人の社長に就任したことがある。

この会社は、私が就任するまで毎年赤字続きだった。私は就任後3ヵ月後に全社員を一堂に集め次の宣言をした。

「今年みなさんにやってほしいことは3つある。①「WOW!」と②「マイナス10%」、それと③「プラス20%」の3つです。この3つのことだけをやってください。これ以外のことは、やらないでください」。WOW! とは、お客さまに「WOW（わお）!」「すごい!」「いいね!」と言ってもらえる高品質で感動を生む商品づくりのことである。

マイナス10%とは、コストや経費を10%削減することである。

20%とは、自社の商品（グリーティングカード）を取り扱うショップ、小売り店の数を20%増やすことである。やるべきことを3つに絞って、経営資源を集中的に投下した結果、この慢性的な赤字会社は、わずか一年半にして黒字転換を遂げることができた。

Don't
してはいけないこと

05【戦略】理念・目標で満足してはならない

人間の集団である組織を動かし何事かをなすためには、そこに大義（Cause）や使命感というものが必要となる。

人は金銭的報酬だけでなく、精神的満足によって強く動機づけられるものだからだ。したがって戦略というブルドーザーの力の源には理念・目標がある。

戦略に迷ったときには理念に戻れともいう。私はジョンソン・エンド・ジョンソンの社長時代、取締役会をはじめ社内の重要なミーティングに出るときには、必ず「我が信条」を持って臨んだ。議論の中身を「我が信条」に照らし合わせるためである。

それほど重要な理念や目標であるが、理念・目標だけでは具体的な結果を出すには弱い。戦略がなければ、組織は前へ動き出さないからだ。ややもすると、理念の崇高さに満足してしまいかねないが、それを実現する正しい戦略を持たなければ画餅《がべい》に終わってしまうことも肝に銘じてほしい。正しい戦略の条件については次ページに記す。

生きた戦略の13条件　評価表

Ⅰ.内容

評価（10点満点）

1　企業理念（ビジョン・使命・価値観）との整合性があり
達成すべき目標（定量・定性）が明示されている。　□

2　正しい土俵（トレンド・市場規模・収益性）で勝負している。
特にニッチ市場の場合はドミナンス（優位的立場）が期待できる。　□

3　競合的優位性を伴った、顧客に「驚き（Wow!）」を与える差別化がある。　□

4　優先分野（商品・顧客・地域等）が明確であり、
経営資源の集中（Concentration）が利いている。
多角化（Diversification）には本業の強みを生かした
相乗効果（Synergy）が成立している。　□

5　経営資源（ヒト・モノ・カネ・組織能力・情報・時間等）の裏付けがある。　□

6　グローバルな視点に立っている。　□

7　オーガニック・グロース（自力成長）に加え、
M&A（合併・買収・アライアンス）等のノンオーガニック・
グロース（非自力成長）が検討され必要に応じて取り込まれている。　□

Ⅱ.策定のプロセスと活用

評価（5点満点）

1　策定の過程に十分な参加・参画がある
（機能分野・職位レベル・人数・議論の量と質）。　□

2　社員を初めとするステークホルダーにコミュニケートされ、
理解と納得が得られている。　□

3　部門・チーム・個人単位の戦術（アクション・プラン）に落とし込まれている。　□

4　現場で正しく徹底的・継続的に実行に移され、フォロースルーがある。　□

5　事後評価とフィードバックを含むPDCサイクルが回っている。
（C=評価→学習→反省→改善）　□

Ⅲ.変更

1　環境変化に対応して迅速に変更を加えている。　□

合計　□

Do
するべきこと

06

【優先順位】

押すべきボタンを押せ

戦略には集中が必要であるように、勝ち残る企業の原理原則も「選択と集中」である。

なんにでも食いつくダボハゼ経営では、勝ち残る企業を創ることはできない。ダボハゼ経営とは「あれも、これも」である。会社と屏風は広げすぎると倒れる。勝ち残る企業を創るには、ダボハゼ経営ではなくメリハリ経営でなくてはならない。メリハリ経営とは「あれか、これか」、経営資源の配分は選択と集中が基本となる。

その前に必要なのが捨象《しゃしょう》である。捨て去るということだ。こういう格言がある。

「興一利不若除一害　生一事不若減一事」（耶律楚材《やりつそざい》　モンゴル帝国の大宰相）

書き下し文にすると「一利を興《おこ》すのは、一害を除くに如《し》かず。一事を生かすのは、一事を減らすに如かず」となる。

その意味するところは「利を求めるのなら、利を増やすよりもまず害を除くべきである。何か事を生かそうと思ったら、生かす前に事を一つ減らすべきである」ということだ。

経営資源というものには自ずから限度がある。ビルドしようと思えば、そこにはスクラップも必要なのである。

経営資源の選択と集中でどこに集中すべきか、押すべきボタンを選ぶときには下のマトリックス図が参考になるだろう。

逆に、このマトリックスで不要不急、見込みのないポジションに置かれたものは、必然的に捨象されることになるのだ。

経営資源の選択と集中
重要度と緊急度のマトリックス

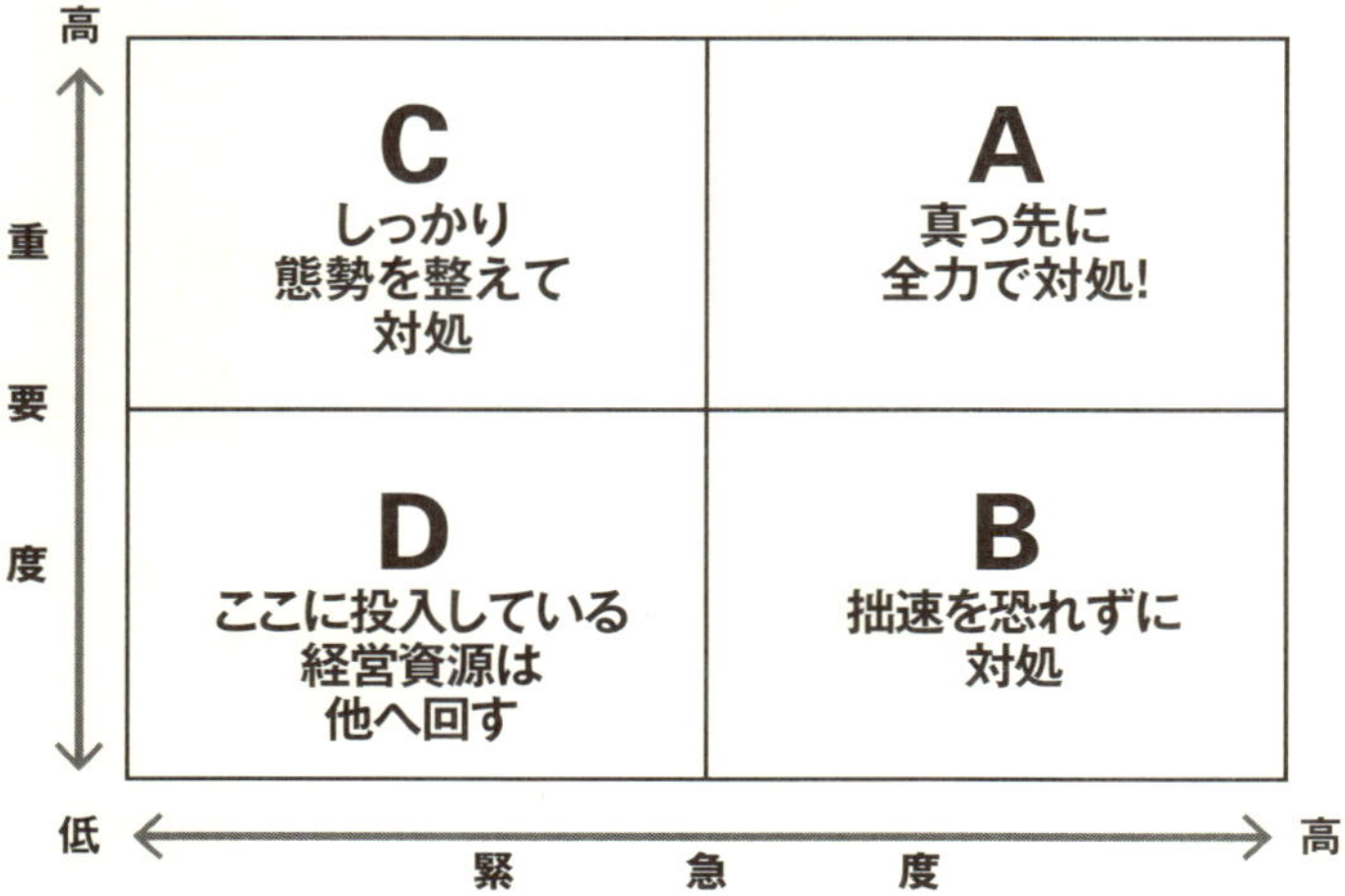

Don't
してはいけないこと

06 【優先順位】
多岐亡羊《たきぼうよう》に走ってはならない

多岐亡羊《たきぼうよう》とは、羊飼いが逃げた羊を追っていたとき、道が幾筋にも分かれ、ついに羊を見失ってしまったという故事に由来し、枝葉末節にとらわれて本質を見失うことを戒める言葉である。

捕食者に狙われた小動物は、群れをつくって捕食者の狙いを絞らせない戦術をとる。イワシの大群にマグロが突っ込む映像をよく見るが、あれはマグロに的を絞らせず一匹でも多く生き残ろうとするイワシの習性である。しかし、経営者はイワシの側ではなくマグロの側にいる。イワシの戦略にまんまとひっかかってはならない。

経営者があれもこれもと目移りしているようでは、どんなに優れた経営資源を持った会社でも継続的繁栄を実現できるか心もとない。経営者が方針を決めるときは、ずばり本質を見抜かなければならない。それには、前ページのマトリックスが役に立つだろう。

次ページの図は、ゴール（目標）と達成率の相関関係を表している。ゴール（目標）数が増えるほどエクセレントな達成率は下がっていく。「すべてを追えばすべてを失う」のである。

集中のパワー

目標の数が増えるほど達成できる数は逆に減ってしまう

エクセレントなレベルで目標を達成できた数		目標の数
2～3 達成率100%	←	2～3のときは
1～2 達成率MAX50%	←	4～6のときは
0 達成率0%	←	11～20のときは

（出典）クリス・マチェズニー、ショーン・コヴィー、ジム・ヒューリング
『戦略を、実行できる組織、できない組織。』キングベアー出版　2013年

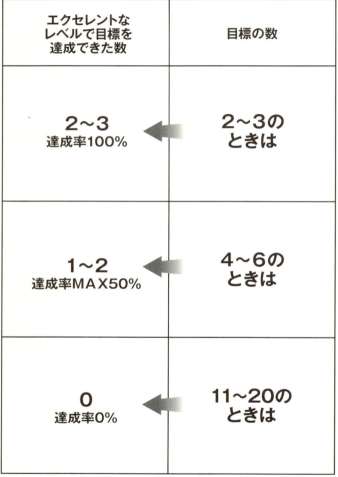

Do○ するべきこと

07【戦術】戦略を戦術に落とし込め

「組織は戦略に従う」（アルフレッド・チャンドラー、経営学者）

理念・目標を達成するには、正しい戦略が必要だ。組織を動かすエンジンは戦略である。だが、戦略は戦術に落とし込まなければ現場の実行部隊は動けない。ただ右往左往するだけの烏合の衆と化してしまう。

現場の実行部隊が正しく動かなければ、戦略の実現も不可能だ。戦略は正しく戦術に落とし込まれてはじめて意味を持つ。戦略が車のエンジンなら戦術はタイヤを含む駆動装置である。エンジンがなければタイヤは回らないが、タイヤがなくては車は前進も後退もままならない。駆動装置である戦術は、機動性と持続性を備えたものでなければならない。

戦略は経営者が決めることだが、戦術は経営者が決めた戦略を具体的にどう実行するかであるため、可能な限り現場に任せるべきである。いや、むしろ戦術は現場の意思決定で行われることが大前提といってもよい。

戦略と戦術の立案にはひとつの方法がある。

まず全員の戦略の理解である。これは社長および各部門長が説明を行う。次いで部門、チームごとに5人～6人程度のグループに分け、戦略理解を深めるための討議を行う。自分たちの業務に戦略をどのように反映させるのかなど、できるだけ自分たちに引き寄せて戦略について全員で考える。討議が終わったら、グループごとに討議結果を発表する。

戦略「なにをやる」の理解が進んだら、次に同じグループで戦略を実現するために具体的に「どうやる」の討議に入る。これが戦術の立案となる。討議が終了したら戦術の発表である。戦術立案の後には、個人単位の行動計画を作り発表する。

私は、このようにして全社員の戦略と戦術の共有をはかった。こうすることで、戦術も個人の目標も上から押し付けられたものではなく、「我がこと」「我がもの」という当事者意識が生まれ、戦術や目標に「マイベビー」という愛着も生まれる。愛着心は「やったるで！」というコミットメントを生む。

結果として、組織には一体感が生まれ、全員のベクトルが合ってくる。

Don't
してはいけないこと

07 【戦術】

“何をやる”と“どうやる”の順番を間違えてはならない

戦略、戦術を混同している企業は意外に多い。

戦略と称しながら中身は戦術であったり、ひとつの方法論にすぎない手法を戦略と思い込んでいることもある。

戦術の失敗は戦略で補えるが、戦略の不備は戦術で補うことはできない。

戦略は大局的なものであり、構造的に戦術の上にある上位概念である。それゆえに戦略がしっかりしていれば、戦術がいくら変わっても混乱が生じることはない。加えて、手直し（是正措置）が可能である。

では具体的に戦略と戦術はどこが違うのだろうか。

次ページに、戦略と戦術の違いを表にしてみた。

戦略と戦術の違いの第1に、戦略「なにを（ＷＨＡＴ）やる」と戦術「どう（ＨＯＷ）やる」というものがある。

多くの企業で混同されているのも、この点である。戦略は「やること」であり、戦術は「やり方」なのである。

方法論のひとつである経営手法は、その多くが、戦略と名乗ってはいても、定義にあてはめれば、実態は戦術、すなわち「なにをやる」ではなく「どうやる」なのである。

たとえば、工場の製造ラインの稼働率を、工夫や改善によって前年比15％高めたとする。すると効率の15％アップは間違いない。だが、作った製品が顧客に対してバリュー・フォー・マネーを認めてもらえなければ買ってはもらえない。「罪庫」が増えるだけで、経営の足を引っ張ってしまう。効率は上がっても、効果には結びつかないのである。

効率の追求は戦術であり、効果の追求が戦略なのだ。

戦略（Strategy）と戦術（Tactics）の違い

戦略（Strategy）	戦術（Tactics）
1. 何をやる（What）	どうやる（How）
2. 正しいことをやる（やること）(Doing The Right Things)	正しくやる（やり方）(Doing Things Right)
3. 効果（Effectiveness）の追求	効率（Efficiency）の追求
4. 選択と集中→優先順位	優先項目の現場展開
5. 一貫性	臨機応変
6. 中長期的	短期的
7. 企業理念に沿っている	戦略に沿っている
8. 経営者・リーダーの責務	担当者の責務

Do○ するべきこと

08 【リスク】計算されたリスク（CALCULATED RISK）をとれ

経営にはリスクが付いて回る。

「最大のリスクはリスクをとらないことである（The greatest risk is not to take a risk.）」という言葉がある。リスクをとらなければリターンはない。しかし、リスクには「とるべき」リスクと「とってはいけない」リスクがあるのだ。

「とるべき」リスクとは「計算されたリスク」である。「とってはいけない」リスクとは無謀なリスク、冒険、より露骨に言えば博打のことである。

とるべきリスクと、とってはいけないリスクを見分け、とるべきリスクをとるには3識が要る。3識とは知識、見識、胆識である。知識とは情報やデータ。見識とは知識プラス自分の経験や学習から得た考え（POV＝POINT OF VIEW）を加えたもの、そして胆識とは見識に決断力と行動力をプラスしたものだ。知識者とは「知ってる人」である。次の見識者とは「知っていることをしゃべったり書いたりする人」である。いうなれば、学者や評論家である。そして胆識者とは「決めて行う人」である。経営者は評論家であってはならない。胆識者でなければならないことは肝に命じてほしい。

計算されたリスクをとって、業界に新風を吹き込んだ企業をひとつ紹介しよう。

アメリカにザッポスという靴のネット通販の企業がある。いまはアマゾンの傘下にあるが、靴のネット販売の草分け、伝説の企業である。

通常、靴は画像だけを見て試し履きなしに買う人はいない。足に合わなければ履けないからだ。そのためネット通販に乗り出したものの、創業時はさっぱり靴が売れなかった。そこでザッポスでは試し履きができるよう、返品自由、無料配達サービスをはじめた。

返品自由は、大量の返品をかぶり高額の輸送コストを負担するリスクがあり、通販会社はどこもやっていないサービスだった。1足の靴を売るのに、9足を往復させるコストを負担しなければならないかもしれない。リスクの高い決断だった。

しかし、返品の多いお客は大抵がリピーターだ。一度に10足取り寄せるお客は、そのうち3～4足は買う。客単価も高い。マーケティングの原理原則はリピーターを作ることである。結果、ザッポスの試みは成功した。リスクをとって成功するには、計算されたリスク（Calculated Risk）をとることが必要なのである。

Don't
してはいけないこと

08 【リスク】
成功に復讐されてはならない

英語には次のような言葉がある。

If you continue to do what you have always done, you will only get what you have always got.（過去と同じことを行ない続ければ、過去に手に入れたものと同じものしか手に入らない）。

昨日までと同じことをしていては、今日を超える明日を迎えることはできない。もしも経営者が、今日は昨日の延長、明日も今日のように過ぎていくなどと考えていたら、間違いなくその会社に明るい未来はないといえる。

現代は社会もテクノロジーも激しく変化する時代である。過去の成功体験は、決して未来の成功を保証するものではない。原理原則は不易（変わらない）であっても、スキルや方法論は変わる（流行）のが当然である。

それは過去に、どんなに成功した方法論であっても免れることはできない。

先述の東レが炭素繊維に活路を見出した１９７０年代の繊維不況のとき、同様にこの大不況に対応するため、当時の鐘淵紡績（カネボウ）は多角化戦略に舵を切った。カネボウの多角化戦略は、短期間のうちに成功し、化粧品事業を主とした多角化経営はペンタゴン（五角形）経営と呼ばれ、成功モデルとしておおいに脚光を浴びたものである。

〝Revenge of Success.（成功の復讐）〟という英語がある。

カネボウはペンタゴン経営の成功にこだわり続け、多角化戦略をさらに進めて行った。しかし、その結果、経営は破綻し会社は解体されることになる。屏風を広げすぎた咎《とが》である。経営資源の分散は、かつて日本一の大企業と称された同社にとっても大きな負担だったのである。原理原則を外れた多角化戦略はどこかに隘路《あいろ》があるものだ。過去の成功は未来の安全保障にはならない。

Insanity is to continue to do what you have been doing until yesterday and expect tomorrow to be a better day.（狂気とは昨日までと同じことをやり続けて、明日がよりよい日になることを期待することである）。「将来の成功を妨げる最大の敵は過去の成功である」という重い言葉もある。

Do○するべきこと

09 【他力成長】 M&A（マージャー＝合併、アクイジション＝買収、アライアンス＝提携）で時間を買え

企業の成長には、自力成長と他力成長がある。

自力成長のことを「オーガニック・グロース」、他力成長のことを「ノン・オーガニック・グロース」という。

オーガニック・グロースによる企業の成長率は、年率でいえばせいぜい一ケタ台、よほど頑張ったとしても10～14％程度である。

非常に例外的に、急成長している業歴の浅い中小企業では、年率100％を超えて成長しているというケースもあるが、それも数年で成長率の伸びは急速に鈍化してしまう。

10～14％でも、二ケタ成長を続けているうちはまだいいが、成長率が一ケタ台に落ち着いてしまうと、将来性にややかげりが生じてくる。夢や理想像がしぼんでしまうのである。

5％成長でも20年続ければ100％成長になるが、あまりにも時間がかかる。

それゆえ、急速な成長を求める経営者は、他力成長という手段をとることもある。他力成長

の中味はMAA（M：マージャー＝合併　A：アクイジション＝買収　A：アライアンス＝提携）である。MAAとは、いわば成長に要する「時間を買う」ことでもある。

5％成長で会社を2倍にするには20年かかるが、MAAはそれを大きく短縮することができる。1年で達成できることもある。MAAは20年という時間を買う手段なのである。

MAAの利点は次の3つである。

・成長スピード　「時間を買う」ことで、自力成長（オーガニック・グロース）では20年かかる成長を短期間で果たすことができる

・相乗効果　生産拠点、販売拠点の相互乗り入れや社員や情報の活用などで相乗効果が期待できる

・弱点克服　特定のエリアではどうしても勝てない相手がいるとき、その相手とMAAすることで弱点を克服し強みとすることができる

自力成長（オーガニック・グロース）に加え、MAA（他力成長＝ノン・オーガニック・グロース）があることを意識し、経営者はMAAにも目を光らせておくべきである。

Don't
してはいけないこと

09 【他力成長】
自力成長の殻に閉じこもってはいけない

生き残りのために企業規模の拡大を図るときにも、MAAの手法がとられる。ただひたすらに、ビッグカンパニーを目指して合併や買収を行うのではない。グッドをベターにしつつ、結果としてBIGになるためである。その結果GREATな企業が生まれる。

生き残りのための合併で代表的な例は、メガバンクを誕生させた都市銀行の合併だろう。それ以外でも人口減少による国内市場の縮小が見込まれている現在、あらゆる業界で生き残りのための合併や買収が続いている。

中小企業とて例外ではない。もはや、自力成長にのみこだわっていては生き残ることが難しい時代になっているのだ。経営者は、他力成長という選択肢を排除してはならない。

しかし、M&Aだけを統計的に見ると合併・買収によってひとつになった会社の企業価値が、合併以前の企業価値より上がったというケースは、全体の20～30%しかない。こうした数字の背景には、十分な準備なしにM&Aを実行している日本の企業の現状が垣間見られる。M&Aを実行する前に、チェックすべきことがある。下のリストを社長以下幹部社員で評価して60点以下であれば、その相手とのM&Aは基本的に見送ったほうが、とりあえず無難といえる。

デューディリジェンス（買収対象企業の財務・技術内容を事前に精査すること）は定石の行為。しかしデューディリジェンスは概ね定量的要素の実態把握には役立っても、チェックリストの中の「理念との合致」「マネジメント能力」などの定性的要素の理解には何の役にも立たない。

そこで下のM&Aチェックリストが重要となる。ここでは、定量と定性の両面を捉えた全体像を把握するという、俯瞰《ふかん》のディシプリン（規律）を利かせることが必要となる。

M&Aチェックリスト

I.内容

	評価（10点満点）
1. 我が社の企業理念に合致しているか?	
2. 目的と期待効果は明確に設定してあるか?	
3. 市場性（規模・成長性・収益性）は有望か?	
4. 商品（品質・コスト）・サービスに差別化と市場競争力はあるか?	
5. 投資回収は我が社が必要とする基準と期間に合うか?	
6. キャッシュフローは成立するか?	
7. グループ企業とのシナジーは高いか?	
8. マネジメント能力（当社及び対象M&A会社）と社員品質 —スキル・マインド—（対象M&A会社）は高いか?	
9. レピュテーションに問題はなく、我が社とのケミストリー（相性）は高いか?	
10. 以上1～9を満足させる内容の「事業計画」が出来上がっているか?	
合計	

Do○
するべきこと

10 【現場主義】

街に仕事に行け

経営者の目は、内だけでなく外にも向けられていなければならない。

ピーター・F・ドラッカーも「内（社内）にあるのはコストのみ。すべての利益は外（社外）にある」と喝破《かっぱ》している。

総務部、経理部、人事部などの間接部門は、利益を生む部門ではないが、それでも外に出て有益な情報を採集する責務がある。よりよい経理システムや人事システムの情報は、ほとんどが外にあるからだ。

外には、我が社にとって最も重要なステークホルダーであるお客さまがいる。お客さまは社内にはいない。職場環境を整備して人事・給与・福利厚生制度の品質を上げることは、社員の意欲を高めることにつながる。

社員の満足度が上がれば、商品・サービスの品質向上につながり、それがお客さまの満足につながる。ＥＳ（社員満足）はＣＳ（顧客満足）につながるのである。

お客さまも情報も外にある以上、経営者は最低でも仕事の時間の20％は外に出るべきである。穴熊社長になってはいけない。猟犬社長であるべきなのだ。

私自身の経験もお話ししよう。

世界中に拠点を持つ、家電のグローバル企業の日本法人のトップに就任したときのことである。この会社は業績が芳《かんば》しくなかった。業績が振るわない原因はいろいろあったが、そのうちのひとつに営業社員の仕事のやり方があった。

この会社の営業マンは、80％を社内業務、20％を社外業務に費やしていた。まさに狂気の沙汰である。私は思い切って、このバランスを逆転させた。営業補助の社員を増やし、営業社員の社内業務を4分の1以下にして社外に出したのである。営業社員がお客さまのところへ頻繁に足を運ぶようになると、業績は回復基調に変わった。

営業部員の「生きた時間」とは、お客さまと商談をしている時間のみである。そこに利益の源泉がある。他の仕事はすべて補助的な業務である。

利益の源泉から遠ざかっていた営業社員を、肝心なところ（商談）へ向かわせたのだから、業績が上がらないはずがないのである。

Don't

してはいけないこと

10【現場主義】

〝後追い加工情報病〟にかかるな

トップは一番奥にでんと構えて、指示を飛ばしていたほうがよいという人がいる。

古いタイプの経営者像だが、いまでもこういう考え方の人は少なくない。しかし、あえて厳しいことを言えば、こういう経営者は無能であるか、もしくは怠惰の言い訳に過ぎないといわざるをえない。

トップは、一番奥にでんと構えていては、正しい指示も采配もできないのである。

一番奥というのは、最も現場から遠いところを意味する。現場から離れれば離れるほど、生きた情報が入りにくくなる。

賞味期限の切れた情報、報告者にとって都合よく加工された情報、経営者の耳に心地よいように加工された情報、悪い情報を捨象し、いい情報だけを編集して事実にバイアスをかけた情報が上がってくるような体制を絶対につくってはならない。情報は〝生きてる〟うちに届くのがよいのであり、それでこそ意味がある。

上がってきた情報を現場、現物、現実と照合せず、鵜呑《うの》みにしたり、自分に都合よく解釈する経営者もよくない。経営者が現場を知らないと、そうした隘路《あいろ》に陥ることになる。

友人の大手日用品メーカーの役員が社長に就任したときのことだ。

このメーカーでは大量のCMを流し、定期的に市場調査会社から顧客動向のレポートをもらっていた。マーケティングはこの市場調査会社のレポートをベースにしていたのである。友人は、その調査結果に疑問を感じた。自分の知る「現実」と乖離《かいり》があったのだ。

市場調査は、大手量販店での商品の売れ行きを追っていた。しかし、市場は大手量販店だけではない。中型スーパーもあれば、小型店もある。そこで友人は自ら量販店、中型スーパー、小型店にも足を運んだ。そこでわかったことは、同社の製品は大手量販店に集中し、中型スーパー、小型店にはほとんど置かれていなかったのである。

「置いてないものは売れるはずがない」。友人はマーケティング戦略を改めた。日用品は「ついで買い」のある品物だ。置けば売れるものである。友人の戦略は的を射た。戦略変更後、売上と利益率が上がったのだ。

経営者は、働く時間の中の最低20％は現場に足を運ばなくてはならない。

Do○するべきこと

11【PDCサイクル】

昇り龍のＰＤＣサイクルを回せ

戦略も戦術も一度決めたら不変というわけではない。

むしろ積極的に見直すことが戦略・戦術を生かすための必須条件である。

何ができて、何ができなかったのか。できなかった原因は何で、どうすればできるようになるのか。戦略は年に一度、戦術は四半期ごと、場合によっては毎月見直してもいい。私は原則、四半期ごとに戦術を見直していた。

単年度の目標も四半期ごとの見直し、部門の目標は毎月の見直しが必須である。見直しなき戦略・戦術に実現の見込みはない。

見直すといっても「ダメだ、ダメだ」と文句を言うばかりでは見直す意味がない。

では見直すとは一体どういうことなのか。それはＰＤＣサイクルに則したものでなければならないということである。

ＰＤＣ（プラン・ドウ・チェック）サイクルという言葉を聞いたことがあるだろう。日本語で言えば計画・実行・評価である。

ＰＤＣサイクルは下の図のようでなければならない。見直すたびにレベルアップするのが、正しいＰＤＣサイクルである。

結果を評価して、それが目標に届かなかった点があれば、計画に無理がなかったか、実行は徹底されたかを見直す。次にできなかったことは、どうすればできるようになるか、目標を達成するために何をすればいいか、新たなプランを立てることになる。

目標が達成されていれば、次の目標に向かって新たなプランがはじまる。そうやって、ＰＤＣサイクルは昇り龍のようにらせんを描きながら上昇するのだ。

PDCサイクル

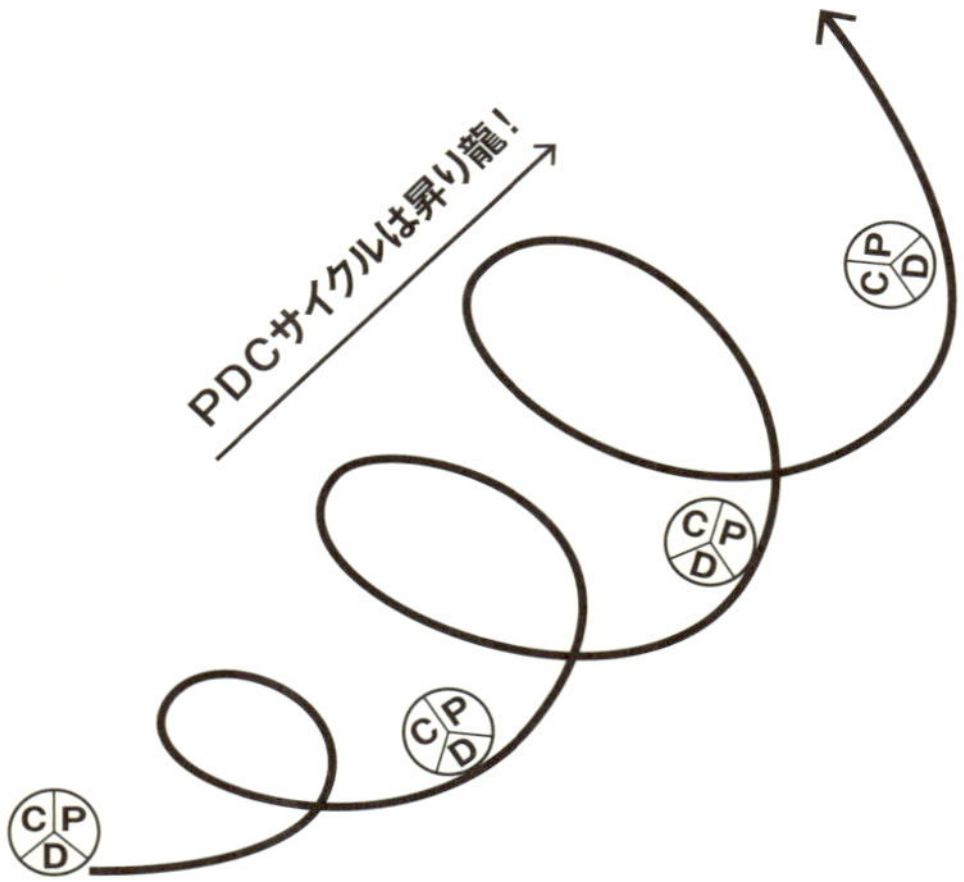

Don't

してはいけないこと

11 【PDCサイクル】

二十日鼠《はつかねずみ》のPDCサイクルを回してはならない

見直しをすれば、目標を達成できなかった理由が俎上《そじょう》に載る場面が必ずある。なぜ未達成だったのか、犯人の「追及」に意味はないが、その原因の「追究」には意味がある。

人を責めるのではなく、事実と原因を追究するのがPDCのC（チェック）の本当の意味。PDCのCの場が、経営者の怒鳴り声が響くような場であってはならない。

一方、できなかったものは仕方がないという安易な妥協も許すべきではない。それでは、PDCサイクルは昇り龍のサイクルとはならない。いくらPDCを繰り返しても、まったく前へ進まない二十日鼠《はつかねずみ》やハムスターが車を回しているようなものである。チェック（見直し）の段階から、次の段階のプランへとレベルアップできるかどうかが、バカと利口を分ける分岐点である。チェック（見直し）で肝心なのは、できない理由を糺《ただ》すのではなく、どうすればできるかの案を出し実行することだ。

どんなに無能な社員でも、できない理由を語らせれば見違えるほど雄弁になるものだ。PD

CのCの場をできない理由の弁論大会にしてはいけない。

ここで大事なのは簡単にあきらめないこと。そして、とことん考えさせることである。この考えさせるというのが実は重要で、言葉を変えれば答えを与えないということだ。

ヒントは与えても答えは与えない。答えは担当者自ら見つけ出さなければ、成長がない。人の成長なしに企業の継続的繁栄はありえない。チェック（見直し）の場面で答えを与えてしまうのもまた安易な妥協といえる。答えを与えるのは、本人（部下）が自分の地頭で考えるという機会を奪うことになるからだ。人は窮地に陥って成長する。簡単に逃げ場をつくってしまっては、成長の機会を潰すことになる。

東芝の不正会計処理は、安易で愚かな妥協（正しく言えばごまかし）だったといえるのではないか。

未達成の予算があれば、会計処理でつじつまを合わせようとせず、どうすれば予算を達成できるか、担当者と共に真っ当な手段でとことん知恵を絞るべきである。

それをせずに、不正な会計処理による数字合わせをするなど、経営者以前に人としてあまりに誠実さに欠けているといわざるをえない。人としてのインテグリティ（整合性・統合性）のない人物を経営者に持てば組織は必ず不幸になる。魚は頭から腐るのである。組織はトップの器を超えることはありえないのだ。

Do○するべきこと

12【健康バランス】企業が健全成長するためには攻めが必要

経営には攻めと守りとがある。

攻めの典型は営業や販売だ。攻めの弱い会社には伸びがない。私はよく、「会社の中で営業マンが肩で風を切って歩いている会社は、良い会社である」と言っている。営業マンが、誇りと自信を持っている会社には活力や力強さがある。

だから営業マンという「攻めの人」が、いい意味で肩で風を切って威張っている会社は、基本的には楽しみな会社なのである。

次ページの表を見てもらいたい。

一目瞭然のように、健康な会社には「流通」（消化）と「販売」（排泄）という機能が働いている。どんなに美味しい食事（商品）を作っても、消化（流通）と排泄（販売）が伴わなければ人体（会社）は長持ちはしない。最終的には、栄養失調でご臨終（倒産）を迎えてしまう。

企業は攻めが肝要なのである。

健康体・非健康体　比較表

健康体

人　体	企業体
献立	市場調査
材料	資材購入
調理	製品化
食事	商品化
消化	流通
排泄	販売
栄養	利益
健康	投資・再生度

非健康体

<消化（流通）と排泄（販売）が不良の場合>

人　体	企業体
嘔吐	市場キャンセル
下痢	安売り・投売り
便秘	滞貨
点滴・注射・輸血	不良・過剰借入
減食・絶食・断食	操・短
危篤・死亡	倒産

Don't してはいけないこと

12 【健康バランス】

健康不安にならないためには守りを疎《おろそ》かにしてはならない

一方、日夜攻めだけに明け暮れていると、どうしても守りが疎かになりがちだ。「守り」とは、管理分野のことである。

人事、経理、総務、監査などが守りの中枢であり、これらの「守り」が機能せず、「それ行けドンドン」という営業部隊の攻めのみが幅を利かせている会社は遅かれ早かれバランスを失ってしまい、その結果瓦解《がかい》してしまうことになる。

したがって、優れた経営者とは自分が攻めに秀でた人間だと思ったら、守りを固める能力のある人を傍に置き、逆に自分は守り型だなと思ったら攻めに強い人を傍らに配することのできる人である。

攻め型と守り型のバランスの妙を見事実現した有名な例としては、往年のソニーにおける井《い》深大《ぶかまさる》氏と盛田昭夫《もりたあきお》氏という組み合わせや、ホンダの本田宗一郎《ほんだそういちろう》氏と藤沢武夫《ふじさわたけお》氏の絶妙のコンビがすぐに頭に浮かぶ。

反面、若手の起業家（アントレプレナー）が会社を設立しても、80％以上の会社が5年以内に海の藻屑《もくず》として海底に沈んでしまうのは、技術（テクノロジー）には強くても営業力が弱い、あるいは営業には強いが管理がお粗末という、バランスの欠如が主な原因だ。

企業がバランスのとれた健康状態にあるかをチェックするには、年に一度、定期健康診断をしてみるとよい。74ページからの表はそのためのツールである。

まず、75ページの課題の重要度に応じて任意に点数を定め、配点欄（A）に点数を記入する。その際、合計点が25になるように点数を配分すること。課題は8テーマ、それに対する評価基準が12項目あるので、仮に情熱の重要度が一番高く、それ以外は同等ということであれば、情熱の配点は3、以下は2が並ぶことになる。各課題の重要度は、企業によって異なるので配点のバランスは企業ごとに違ってくるし、違うべきである。

次に評価基準に対する自社の評価（B）を出す。評価は1〜4のいずれか。判断に迷ったときは2・5や3・5と中間値にしてもいい。

そして、配点（A）と評価（B）を掛け算し横計の合計点を出す。それを縦に合算すると、理論的な最高点は100点となり、最低点は25点となる。90点以上ならエクセレント・カンパニー、80点台はグッド・カンパニー、70点台はフェア（まあまあの）・カンパニー、そして60点以下であればプア（おそまつな）・カンパニー。60点以下となった場合は、「健康不安」であり「要注意」といえる。重要度は高いが評価の低い課題に対しては、対策を話し合い、対策欄にそれぞれ記入する。対策は、何をどうするのか、いつまでにやるのかを、具体的に定めることが肝心だ。数値化できるものは、可能な限り数値化する。

ここでまた浮かび上がってくるのが、「すべてを追えばすべてを失う」という言葉だ。会社でも人でも、あまり多くのことを追いかけると、どれひとつまともに達成できない。そこで、「選択と集中」が必要になる。〝絞り込み〟である。表の右にある「対策」を立てる項目を３つ（最大でも４つ）に絞り込むことだ。

では、どの項目に絞り込んだらいいのか。〝配点は高いが評価は低い〟項目である。言い換えると、〝我が社が勝ち残る企業〟になるためには重要度は高いが、現在の状態はおそまつというのが優先事項である。この診断書を使って、幹部社員を巻き込んだ議論を重ねることにより、自社の健康度（経営品質）を高めようという姿勢の経営者こそ、本物の経営者といえる。

人間が年に一度の健康診断を受けるのだから、法人という生き物である企業も、一年に一度は健康診断を受けるべきである。へたをすると、気が付かないうちに病状が悪化して、病気自体が第四期、第五期に入ってしまうかもしれない。

厳しく言えば、60点以下の会社は、倒産予備軍なのである。ぜひ経営品質診断書を活用して御社の健康状態を改善していただきたい。

	配点（A）	評価（B）（1−4）	合計点（A×B）	対策
	25点			

経営品質診断書

課題	評価基準
情熱	1）トップの情熱・夢・志
	2）職場の情熱度・活性度・正しい社員満足
方向性 理念 （ミッション・ビジョン・バリュー）	1）理解度・納得度・実践度 （“生きた企業理念の10条件”34ページ参照）
目標	2）理解度・納得度・実践度
戦略	3）理解度・納得度・実践度 （“生きた戦略の13条件”44ページ参照）
商品・ サービス品質	1）流れの提供 （お客様のもとへ届くまでのスムーズな流れ）
	2）優先性を伴った差別化
	3）コスト競争力
顧客	顧客感動 （“冷えた3本のビール”176ページ参照）
社員品質	1）スキル（仕事力）
	2）マインド （人間力＝信頼・尊敬・意欲）
変化（改善・革新） マインド	意識度と実行度
合計	

評価：　1＝非常に不満　4＝非常に満足

Do するべきこと

13 【改善と革新】

改善（インプルーブメント）を継続せよ

改善は、連続性がなければならない。まさに「継続は力なり」である。改善は継続することで大きな成果を生む。

たとえば年5％のコストダウンを目標に改善活動を行うとしよう。年5％のコストダウンは、改善活動でも達成可能な数字だ。しかし、それを13年間にわたって続ければ約50％のコストダウンが実現する。15年間継続すれば約55％である。年5％のコストダウンを目指す、小さな改善運動でも継続することで、莫大な利益を生み出すことになる。しかし、逆にいえば、継続しなければ改善の成果は出ないということでもある。

「改善も長く続けりゃ改革だ」

私の自作の経営川柳である。むやみに改革を求める前に、まずは改善を継続することに力を注いだほうがよい。

北関東の中小企業の話である。この会社は、もう25年以上、さまざまな改善活動に取り組んでいる。繁忙期が冬季に集中するため、比較的時間のとれる春から夏にかけて、毎年テーマを決めて全員で改善に取り組むのである。

あるときは社員のマナーの改善をテーマにした。そのためのマナーの勉強会も開いた。社長、工場長以下全員が参加し、半日かけてマナーの基礎を学び、チームごとにマナー改善の目標を立て、翌日から実行し3ヵ月後に全体で評価を行い、最優秀チームを表彰した。

5S（整理・整頓・清掃・清潔・しつけ）運動による社内の片づけ、美化運動も行ったことがある。これも勉強会をキックオフに全員で取り組んだ。5S運動は、生産性や安全衛生の改善にもつながり大きな成果を得ることができた。

一般に、年替わりで改善運動のテーマを決める会社は多くない。改善の深まりが出ないからだ。しかし、この会社はあえて年替わりで改善のテーマを決めている。テーマの深耕《しんこう》よりも改善活動自体が長続きすることを選んだのである。

〝Excellent is a thousand details.（成功は千の詳細である）〟という言葉がある。「神は細部に宿る」とも言う。優れているものは、小さいことに見えるものの積み重ねであるという意味だ。チリも積もれば山となる。この北関東の会社は規模は小さいながらも、しっかり業績を伸ばし、後継者も育っている。

Don't
してはいけないこと

13 【改善と革新】
革新（イノベーション）を忘れてはならない

「守破離《しゅはり》」という言葉がある。世阿弥《ぜあみ》の言葉で、芸の道ははじめに師匠の教えを守り、その後、自分なりの工夫を重ね、師匠の教えを破り自分の型をつくる。そして最後に自分の型を完成させ、師匠から教わった型から離れていくという意味だ。

改善が、「守」から自分流の工夫を見つける「破」であるならば、革新（イノベーション）は芸道を極めるための「離」であろう。改善が連続性であるのに対し、改革（イノベーション）は非連続でなければならない。飛躍が必要なのである。

イノベーションの例を挙げてみよう。

かつて陸上の輸送手段は馬であった。馬を品種改良して、強い馬をつくることは連続性のある改善である。馬から自動車に変わることは、飛躍を伴うイノベーションである。

音楽鑑賞は、生演奏からレコードに変わったのが第1回目のイノベーションであり、レコードからCDが第2回目のイノベーション、さらにCDからインターネットの音楽配信が3回目のイノベーションである。

映像も、観劇、映画、テレビ、インターネット動画配信とイノベーションを重ねている。

国際化に対応するために、社員に英会話を学ばせるのは改善だが、外国人を社員に採用するのはイノベーションといえる。教育・訓練により社員の仕事の生産性を高めるのは改善だ。人間の仕事をロボットに代替させるのはイノベーションである。改善も大事だが、勝ち残る企業にとってはイノベーションも不可欠だ。

NPO法人産学連携推進機構・理事長の妹尾堅一郎《せのおけんいちろう》氏は「既存産業を潰さないイノベーションはありえない」と言っている。スターバックスをはじめとする新たなコーヒーショップチェーンの登場で、既存の喫茶店はその数を大きく減らした。インターネットによる音楽配信は街のレコード店、CD店を淘汰している。

企業は淘汰される側にいてはいけない。そのためには、経営者は世の中の変化を敏感に捉え、自ら主体的にイノベーションを起こすよう仕掛けていくことが重要だ。

企業には連続性を前提にした「改善の継続」と、非連続に踏み込んだ「革新の断行」の両面が求められるのだ。

第2章

人財育成のための「Do's」と「Don'ts」

「社員には会社に貢献する義務と責任があるが、会社にも社員を役に立つ人間に育てる義務と責任がある。会社と社員の義務と責任は片務《へんむ》的なものではなく、双務《そうむ》的なものである。なすべきことをなさないで簡単に辞めさせるのはルール違反である」

Do
するべきこと

14 【ジンザイ分類】
人財とは何かを正しく理解せよ

ジンザイの重要さに異論を唱える経営者はまずいないだろう。

戦国時代、最強と謳《うた》われた武将・武田信玄《たけだしんげん》の「人は石垣、人は城」に倣《なら》うまでもなく、人を重視し育成することは、企業の継続的繁栄に欠かすことのできない必要条件である。

ひと口にジンザイというが、ジンザイには4種類あると私は考えている。

1つめは人財。スキル・マインドが高く、会社を支え将来を担うリーダー型の人的財産。

2つめは人在。スキルはあるので、一定の役割は果たしているが、意欲が低い。組織を率いるリーダーとしては力量不足で、ただ存在しているフォロワー型のジンザイである。

3つめは人材。意欲だけは高いがスキルに乏しい。まだ海のものとも山のものともわからない。育成の仕方しだいで将来リーダーになり得る貴重なビギナー型の原材料である。

4つめはマインドもスキルも低く、周囲に害をなすばかりの、まさに人罪。この人罪は放置してはいけないルーザーである。

4種類のジンザイはマインド（信頼度・尊敬度・意欲）とスキル（仕事力《りょく》）のマトリックスで図のように表すことができる。意欲とは、自分の意欲のみならず、部下や周囲の人間の意欲も自然に高めることができるという二面性を含んでいる。

人材の位置にいるのは、特に新入社員に多く見られる。人材はできるだけ早く人財の位置へ持っていきたい。人在も仕事の与え方、動機づけによっては人財へと変わることができる。人罪でさえ配置転換など、やり方によっては人財へシフトすることがある。

まさにジンザイとは、企業サイドや上に立つ人間しだいで、多くの場合変化させることができるものなのである。

人材の4タイプ

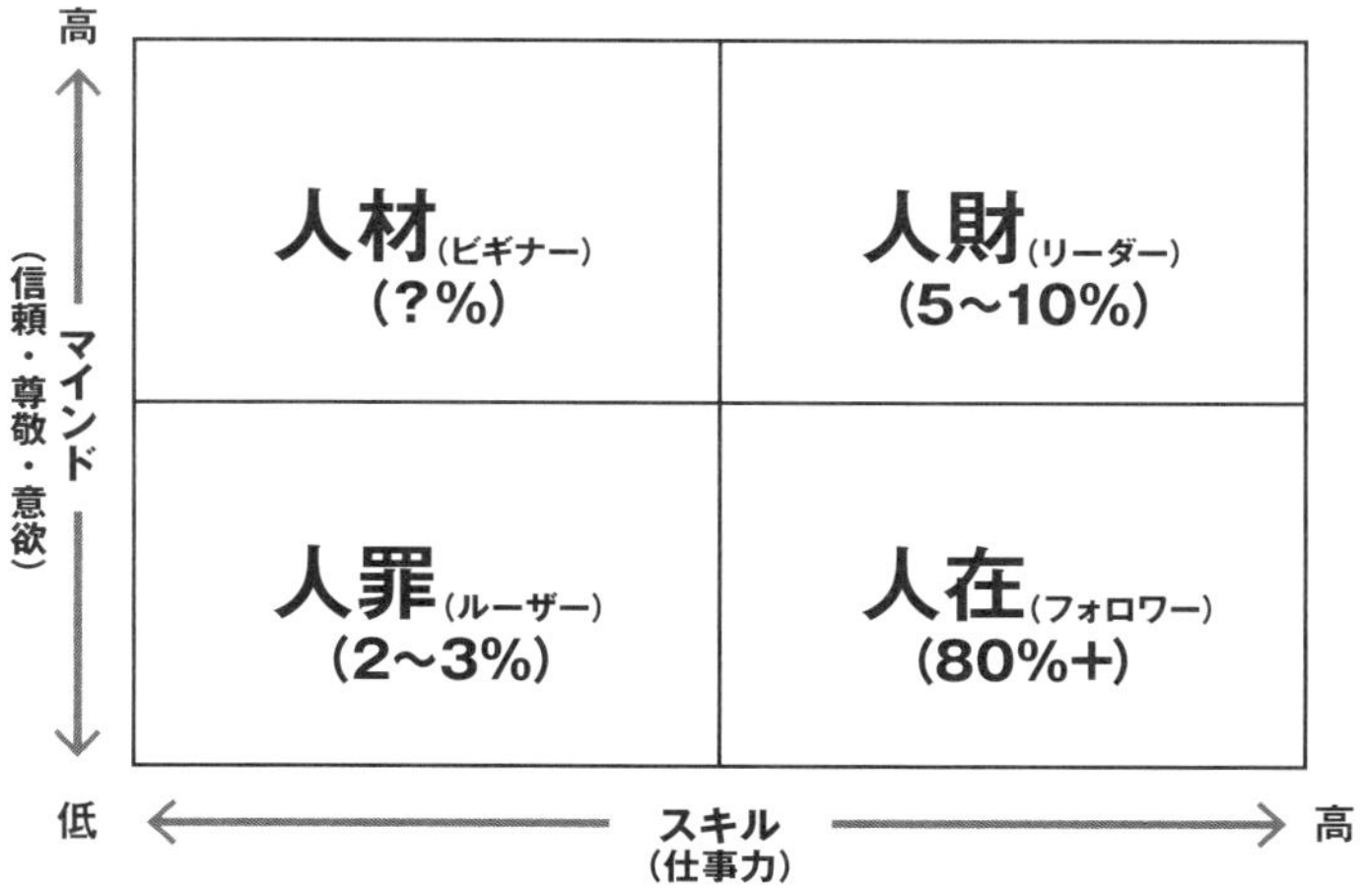

14 【ジンザイ分類】〝まず隗《かい》より〟を忘れてはならない

能力開発制度や人事システムを考えるにあたって大事なことがある。それは経営者が、積極的に人財育成にコミットすることである。

ロールモデルという英語がある。

ロールモデルとは、いわば「生きたお手本」のことだ。経営者がまず会社にいる「生きたお手本」とならなければならない。教育は人事担当者にお任せ、教育や人事の問題は他人事ということでは、真の人財は育たない。「優れた人材を育てるのだ!」という、トップの強い想いとコミットメントが必要である。

「上、下を知るに3年要し、下、上を知るに3日で足る」という。

一般社員は、たった3日で上役の人柄や特徴、クセを知るくらい上役の行動を注目しているものなのだ。経営者の行動には、常に全社員の目が注がれていると思ってよい。

経営者とは全社員の注目を一身に集める立場にあるのだから、まずは自分が影響力の高い最高のロールモデル（生きたお手本）となる必要がある。

人財を育てるには、〝まず隗よりはじめよ〟という言葉を忘れてはならない。経営者自身が育てば、自社員はその背中を見て自ずと人財へと育っていくのである。

「会社育ては人育て、人育ては自分育て」である。優れた人財を育てるには、経営者自らが優れた人財になる必要がある。経営者は自分を律するに厳しくなければならない。

最高のロールモデルであるべき経営者だが、してはならないこと（Ｄｏｎ´ｔ）がある。特に重要なことは、現場から遊離した雲の上の存在になってはならないということだ。

天の声は人々を従わせることには有効だが、人は命令では育たない。

自由闊達《かったつ》な意見交換は教育効果という意味では大きいが、雲の上の人を相手には意見など述べようと思う社員はいない。

せっかくの教育機会を、経営者自らが放棄していることになってしまう。

本田宗一郎氏も松下幸之助《まつしたこうのすけ》氏も現場に足繁く通っていた。そうして現場にいる多くの人たちと言葉を交わしていたのである。

Do○
するべきこと

15 【人の用い方】

用兵の要諦《ようてい》を心得よ

前項でジンザイを4つのタイプに分けた。望ましいのは「人財」タイプである。最も望ましいのは経営者が人財のロールモデル（生きたお手本）であることだ。トップに人財としての器がないと、組織にトラブルや揉め事が絶えない。これをうつわ（内輪）揉めという。

用兵とは人の用《もち》い方である。

中国古代の兵法書『孫子』でも用兵について書かれている。「敵を知り己を知らば百戦危うからず」の一節も用兵の一部分だ。

人の扱い方の要諦についていえば「敵を知り」ではなく、「社員や部下を知る」ことが肝心なことなのである。社員や部下を知るとは、個々の社員、部下がどのタイプなのかを知る、そしてタイプ別の正しい扱い方を知ることが基本である。

人の扱い方は、それぞれの社員、部下のタイプによって異なってくる。

タイプ別の扱い方は次のようになる。

1. 人財タイプの扱い方　人財は意欲もスキルも高い。したがって、人財の扱い方の要諦は目一杯任せるということである。事前合意目標（上司も納得、本人も納得した目標）を設定した以上は、原則的によけいな口を出さないことである。

2. 人在タイプの扱い方　このタイプは一定のスキルはある。仕事の能力は高い。だが残念ながら意欲（自分の意欲も他人の意欲を高める力も）は低い。仕事はできるが、自分からは動こうとしない指示待ち族である。したがって、適切な指示をタイミングよく出すことが必要だ。さらに、モチベーションを高める働きかけをして人財へのシフトを図る。

3. 人材タイプの扱い方　このタイプは、意欲はあるがスキル・仕事力はお粗末。したがって、必要なのはスキルのトレーニングである。仕事の場数を踏ませ、スキルアップさせることで人財への道が開ける。

4. 人罪タイプの扱い方　スキルも低く、意欲もない。このタイプは用いようがない。しかし、スキルアップとモチベーションアップ（動機づけ）を図ることにより、できる限り救いたい。ときには水が変わることで生き返る人もいる。配置転換などによってモチベーションアップを試みるのも方法のひとつである。

Don't
してはいけないこと

15【人の用い方】
人を画一的に扱ってはならない

人の扱いの要諦は、タイプ別に扱い方が違うということだ。

にもかかわらず、人を画一的に扱えばどうなるか。人財を人材と同様に扱えば、幹部を新入社員と同等に扱うようなものであるため、人財の心は腐ってしまう。その結果、スキルはいきなりダウンしないが意欲はビビッドに反応するため、人財は人在に劣化してしまう。

逆に、人材に対し期待をかけ過ぎて、到底できない無茶な仕事の任せ方をすれば、人材は人財となる前に潰れてしまう。「すべての人を平等に扱うことほど不平等なことはない」という仏教の言葉もある。人を平等に扱うということは、そもそも不平等なことなのである。

もうひとつ、人に対し一度レッテル貼ったらずっとそのままということをしてはならない。先述したとおり、ジンザイは4つのタイプに分かれる。しかし、ジンザイは人財、人在、人材、人罪のいずれかの箱に入ったら、永遠にそこにとどまるというわけではない。人は変わるものである。人罪から人財に昇格する人もいれば、人財から人在に劣化する人もいる。

経営者は、個々の社員がいまどこの箱に入っているのかを定期的に格付けをして、前ページで述べたように格付けに応じて扱い方にメリハリをつけなければならない。「人を見て法を説け」である。

扱いを変えることで人罪でも生き返ることがある。人罪の箱にいる人間を使いようがないと辞めさせる前に、配置転換を試みることだ。かつて、私の部下に営業ではどうにも使いものにならない人がいた。そこで関連部長と相談し、この人間を経理に異動させた。すると思いがけず生き生きとして働きはじめた。「不適材不適所」を「適材適所」に変えた成功例であった。また、やはり営業で箸にも棒にもかからないという社員がいた。この社員に対しては、担当するテリトリーを半減させ、担当する店舗を減らした。

負荷を減らしたのである。その結果、一つひとつの店舗への対応の品質が上がり、成績が上がってきた。担当店が減ったことで、一時的に彼の給料はダウンしたが、成績アップによってそれもリカバリーできた。「負荷の軽減」もひとつの方法である。

社員には会社に貢献する義務と責任があるが、会社にも社員を役に立つ人間に育てる義務と責任がある。社員と会社の義務と責任とは片務的なものではない。双務的なものである。なすべきことを十分になさないで、簡単に辞めさせるのはルール違反だ。

Do
するべきこと

16【人財育成】人財育成の要諦《ようてい》を心得よ

人財を育成するためには、次の3本柱が必要だ。

1．座学　物事の本質、原理原則を見極めるためには、ときには現場から離れて、体系的に学ぶことも重要だ。本を読んだり、講演会、セミナーなどに参加して学ぶ必要もある。人財育成に対する寄与度でいうと、座学の持つ重みは10％程度である。

2．メンター　メンターとは日本語で言うと「師」である。仕事や人生の知恵を授けてくれる人、なにが大事か気づきを与えてくれる人、心が疲れたときに元気を与えてくれる人、ビジネスの師、人生の師がメンターである。3人のメンターを持てば人生はバラ色になる。少なくとも大きな失敗は避けられるし、たとえ失敗したとしても立ち直ることができる。日本経済新聞の人気連載でもある「私の履歴書」に登場する人の共通点は2つある。人生の成功者であることと、若いころにメンターがいたということである。ホームランの世界記録868本を持つ王貞治《おうさだはる》氏も、中学生のときに出会った荒川博《あらかわひろし》氏がメンターであったという。王氏の一本足打法は、荒川氏というメンターとの巡り合いがなければ生まれなかった。凡《おおよ》そ経営者は、若い社員にとってのメンターでありたい。

メンターの人財育成に対する寄与度は20％程度である。

3．修羅場　修羅場とは、困難な仕事、しんどい仕事のことである。新製品の導入を担当する、難しいお客を担当する、海外拠点を開設する、若いうちに子会社の社長を経験するなど、すべてのビジネスプロセスを経験したうえで、「結果責任」の問われる難しい仕事が修羅場といえる。経営学は本を読んで学べるが、経営力はやってみなければ身につかない。経営学は座学、経営力は修羅場なのだ。修羅場の人財育成に対する寄与度は70％と、3本柱のうちでダントツに高い。

特に海外で経験を積めば、人は加速度的に伸びる。異文化との接触はいい刺激なのだ。育成の手法として、座学が「効果的」ならば、修羅場をくぐるインパクトは「劇的」である。

人財育成で肝心なのは、成長のチャンスを与えることだ。大きく成長するには、修羅場を経験させることである。人は修羅場をくぐり抜けることで成長する。

「艱難《かんなん》汝を玉にす」、修羅場は成長のチャンスなのである。人材、人在、人罪を人財に転換するには、この3本柱を効果的に組み合わせること。それが正しい人財育成の要諦といえる。

Don't してはいけないこと

16 【人財育成】

経験偏重の人財育成に片寄りすぎてはいけない

修羅場を経験することで人は伸びる。この点に異論のある人はいないだろう。

前述のように「経営学」は座学で学ぶことができるが、「経営力」は体験を通してしか身に付かない。MBA取得など学問を積んだだけでは、現実の経営力がつく保証はまったくない。では、人財育成は修羅場だけでよいかというとそうではない。

経験から得たものは力強いが、反面、我流の経営ではいつか行き詰るものだ。ゴルフでも、我流でいくら練習しても、なかなかスコアはよくならない。レッスンコーチの指導を受け、コーチのひと言でスコアがアップするというのはよくあることだ。

基本を知らずに実戦に臨めば途中で潰れてしまいかねない。修羅場を乗り越えるためにも、本質論や原理原則を学ぶことが大事であるし、メンターの助けも大きな役割を果たす。

師を持たず、ひたすら実戦を繰り返すことでついに剣の道を究めた宮本《みやもと》武蔵《むさし》の例もあるが、武蔵とて沢庵和尚《たくあんおしょう》というメンターを持っていた。加えて武蔵は、その沢庵の手によって白鷺城で3年間、あらゆる書物を学んでいるという話もある。本を読まない人は伸びない。本ばかり読んで仕事をしない人はもっと伸びない。10％と20％の寄与度ではあるが、座学とメンターはなくてはならないものなのだ。座学、メンター、修羅場は人財育成にとって、三位一体の要諦なのである。

GEの元CEOジャック・ウェルチは、GEの中興《ちゅうこう》の祖であるが、彼の功績のひとつに企業内ビジネススクールの立ち上げというものがある。社内から選抜された幹部をクロトンビルの研修センターに集め、「会社がどこへ行こうとしているのか、なぜそうするのか」、すなわち会社の方向性とビジョンを徹底的に教え込んだのである。

このGE幹部養成コースが、GEのその後の劇的な業績向上を支えたといわれる。

さらにGE幹部養成コースは、セールスのツールとしても使われたという。ライバル企業と導入を比較検討している顧客に対しては、「我が社の製品をご購入いただけたら、クロトンビルの研修コースに特別参加できるようにいたします」というセールスピッチ（売り込み言葉）がおおいに効いたのである。

ウェルチはクロトンビルの改装費5000万ドルに対する回収効果を無限大と書き込んだといわれている。競争力は最後の10％が決め手になることもある。10％の座学もまた重要なのである。

Do○
するべきこと

17 【権限委譲】

正しい権限委譲をせよ

「人を育てるために、最も効果的な方法は任せることである」（ピーター・F・ドラッカー）

権限委譲とは任せることである。「任せる」を英語で言うと2つある。〝Abdication〟と〝Delegation〟だ。〝Abdication〟は「お前に任せた。後は勝手にせい」という放任主義的な意味で使われる言葉だ。権限委譲というより、権限放棄である。対して〝Delegation〟とは「委任」であり、これが正しい権限委譲といえる。

正しい権限委譲を行うためには、5つの心得がある。

1. 権限委譲は人財育成の最重要の手段である。冒頭のドラッカーの言葉にあるように、任されることで人は成長する。任せ方のコツは、簡単にできるような仕事を任せるのではなく、ストレッチ（背伸び）を要する仕事を任せることだ。困難を伴う仕事は人を成長させる。乳母日傘《おんばひがさ》では人は育たない。

2. 困難な仕事は努力すればできるが、本人のレベルを著しく超える無茶な任せ方をすれば、ともすると本人を潰しかねない。どこまで任せるかは相手の力量次第、事前に一人ひとりの部下の能力を瀬踏《せぶ》みしてから任せることである。ストレッチは必要だが、オーバーストレッチすると人は潰れてしまう。「だれにどの位任せたらよいか」という事前の瀬踏みが肝心である。

3. 中間報告を受けることも正しい権限委譲の心得のひとつだ。ステータス・レポート（状況報告）、インテリム・レポート（中間報告）を定期的に義務づけることを、任せる際の約束ごととしておくことだ。進捗が遅れている、やり方に疑問を感じる場合には、ステータス・レポートの段階でアドバイスすることで、問題が起こる前に対処ができる。

4. ヒントを与える。部下からアドバイスを求められたときには、決して解決策を教えてはならない。ヒントにとどめることが心得だ。アドバイスは求められていないが、明らかに方向、やり方が間違っているときにも、タイミングよくこちらからヒントを与えてやる。魚の獲り方は教えても、魚を与えてはならない。

5. 任せるときには、思い切って任せる。任せて部下が失敗したらと、つい考えてしまうが、任せて失敗するほうが、任せず失敗しないよりもはるかにマシだと心得るべきである。任せ過ぎは、任せなすぎに勝る。人は難しい仕事を経験すれば必ず伸びるものなのである。

Don't

してはいけないこと

17

【権限委譲】

権限異常をしてはならない

正しい権限委譲とは、部下の成長を期待しつつ、一歩引いて部下の行動を見守ることである。決して任せっぱなしにしてはいけない。あとは本人がやることで自分は関知しない、責任もとらないという〝Abdication〟では権限委譲ではなく、「権限異常」である。任せたはずなのに、とやかく口を出すのも権限の所在があやふやで、やはり「権限異常」だ。

たとえば、上司が思いついたようにいきなりやってきては、毎日のように、肩越しに「あの件はどうなった」と聞くようなことではいけない。思いつきもいけないが、顔を見るたびに上司から報告を求めるようなこともよくない。

あまり頻繁に関与していると、任されたと思って、やりがいを感じ意欲も高まっている部下からすれば、「任すと言ったのは口だけか」「そんなに嘴《くちばし》を突っ込んでくるなら、お前さんが自分でやればいい」と、モチベーションを阻喪《そそう》させてしまう。

角を矯《た》めて牛を殺すことになりかねない。

部下が報告することは当然であるが、上司が訪ねていくのではなく部下から報告するのが基本だ。そして報告のルールは、あらかじめ毎週月曜の朝一番にとか、任せた案件によっては、それではインターバルが短すぎるようであれば、毎月第3週の金曜の3時に、というように、あらかじめ日時と頻度を決めておくことである。

このとき、部下のやり方や進捗状況に問題を感じたら、アドバイスすべきである。ただし、繰り返しになるが、解決策を教えてはいけない。ヒントを与え、部下の地頭で考えさせ、自分で解決させるのである。

部下の失敗は、たいていの場合は上司のフォローでリカバリーできるものだ。それよりも部下が失敗によって学ぶことのほうがはるかに大きい。指示命令で動いているうちは、責任は上司と高《たか》を括《くく》っていられるが、自分が任せられた以上は責任を逃れることはできない。これは「他責人間」から「自責人間」への脱皮である。

また、人は失敗した原因は真剣に考える。これも成長につながることである。

したがって、経営者やリーダーは、ときに部下の失敗を黙って見ている我慢や忍耐力が求められるのだ。英国海軍では「船長は唇から血が出るくらい我慢をする」という。

Do ○
するべきこと

18 【公正・平等】

社員を公正（フェア）に扱え

ビジネス・パーソンにとって悲しいことが4つある。

第一は、自分が上司や会社から、何を期待されているのかわからないこと。「期待不明」である。第二は、自分がどう評価されているのかわからないこと。「評価不明」である。第三は、自分に対する処遇に評価がどう結びついているかがわからないことだ。評価と処遇の「関連性不明」である。これらの問題は、評価基準と評価システムがきちんとでき上がっていないことが原因である。

そして、最後、第四は方向性が見えないということ。「方向性不明」である。トンネルの先に光が見えないということだ。

私はジョンソン・エンド・ジョンソンでの社長時代から、「機会は平等に、処遇は公正に」をモットーとしていた。「機会は平等に」とは、社員が教育や指導を受ける機会は、なるべく全員平等に与えようということである。上司から指導を受ける機会も、なるべく全員にあまねく与えるということだ。「処遇は公正に」とは、結果に対する評価は、社歴、年齢、性別に関係なく、評価基準と評価システムにのっとって公正（フェア）に行うということである。

ピーター・F・ドラッカーは「報酬は貢献に対し与えられるものである。努力は賞賛の的にしか過ぎない」と言っている。報酬とは貢献度に対するものであるべきで、ハードワークの関数ではない。評価の中身はプロセスと結果から成る。

ノーベル賞を受賞した梶田隆章《かじたたかあき》氏や小柴昌俊《こしばまさとし》氏のニュートリノ研究の基盤となったのが「カミオカンデ」と「スーパーカミオカンデ」である。「カミオカンデ」や「スーパーカミオカンデ」のような大型の研究施設をつくるには何年もかかる。研究者としての時間を施設建設というプロセスに費やす研究者もいるのだ。ノーベル賞は結果である。だが、研究施設の建設に貢献した研究者は、プロセスに大きく貢献しているということにも異論はないだろう。

公正（フェア）な評価を行うには、間違っても上司による好き嫌い人事や、事実・結果を伴わない噂だけで人事を決めるような「噂人事」があってはならない。そのためには、評価基準と人事システムを全社に公表することが大切だ。ところが、これができていない会社が極めて多いというのも一面で残念な現実である。密室の談合で人事を決めるのは言語道断、ガラス張りの人事が、組織を活性化させ「人財」を育てるための人事制度である。

Don't
してはいけないこと

18
【公正・平等】

社員を成長させるには平等（イコール）に処遇してはならない

勝ち残る企業は、社員を平等に処遇していない。「そもそも平等でないものを平等に扱うことほど不平等なことはない」という仏教の言葉がある。人はみな法の下では平等であるが、人が行った結果は常に平等とは限らない。

あるヨーロッパに本社を置く電機メーカーでは、ボーナスの金額の格差がプラス・マイナス10%だった。私は着任してこの事実を知り唖然とした。ボーナス額を平均100万円とすると、一生懸命がんばって最高の結果を出した人は、最大でプラス10万円なので110万円、さぼってばかりの最悪の怠け者社員でも、最低がマイナス10万円なので90万円は保証される。これは平等とは言えるが公正な処遇とはとても言えない。

私は、さっそくこのボーナス制度を査定の基準から改めた。最高と最低の差を上限10%から上下100%に改めた。200万円と0円の差である。組織はキリッと締まった。信賞必罰の徹底は、強い組織をつくるための必須条件である。

また、結果が同じだから平等に同じ評価というのも間違いだ。なぜなら、同じレベルの社員が担当した仕事でも、結果は条件によって異なってくるからである。たとえば、現代では産業界全体が活気づく、世の中全体が好景気という現象は起こりにくい。それでも、業種やエリアによってはミニバブルが起こることがある。

たまたまミニバブルに恵まれた市場を担当していた社員はラッキーで、大した努力なしでも達成できる数字は上がるだろう。反面、厳しい市場環境の中で勝負した社員は、死に物狂いでやらなければ同じ程度の業績を上げることはできない。

このとき、結果の数字は同じなので、両者は平等に同程度の評価としては、死に物狂いでがんばった社員は報われない。ふたりの評価は平等に行われるのではなく、公正に行われなければならない。１００の結果を出した社員よりも80の結果を出した社員のほうが高く評価されることはおおいにあり得るのだ。

肝心なのは、各々の状況を勘案《かんあん》した目標値に対する達成度である。公正な評価とは、ミニバブルに恵まれた社員の業績は、同じ市場にいる競合他社と比較して評価することだ。すなわち、競合他社が平均して20％以上売上を伸ばしているのであれば、前年対比20％が評価の最低ベースとなる。前年対比が15％であるにもかかわらず、結果の数字だけを見て評価を下してはならない。

結論は、そもそも目標設定が市場や社内事情などの客観的要素を十二分に考えたうえにできあがったものである、という大前提が適正な評価と人財育成を行うためには肝要なのである。

Do○

するべきこと

19【8ほめ2しかり1フォロー】

怒らず叱《しか》れ

怒鳴り散らすのはマイナスの効果しか生まない。

なぜ怒るではよくないのか。それは、怒る側の心理を考えればわかる。「怒る」は「感情」である。怒鳴り散らす人は、怒鳴った後は案外機嫌がよくなっているものだ。怒鳴り散らした結果、気分はスッキリしたのである。こうした行動は、怒る側の精神衛生上はよいかもしれないが、怒られた人にとっても、それを見ていた職場の人にとっても何のプラスももたらさない。感情的な態度が職場の雰囲気によい影響を与えることはあり得ないからだ。

怒るほうは、日頃のストレスを発散させてスッキリするかもしれないが、それが何もよい結果に結びつかないようなら、経営者のとる行動としては許されない。経営者はロールモデル（生きたお手本）なのだから、怒鳴り散らす経営者の部下は、やはりその部下に対し同じことをすることになる。これでは、いきいきとした職場をつくることは到底かなわない。

「怒る」が「負の感情」であるのに対し「叱る」は「愛情」である。部下の失敗や落ち度を咎《とが》めるときには、自分を見失わず理性を保つにように「叱る」、さらにできる限り「注意する」という姿勢で対処することが望ましい。そもそも自分の感情をコントロール（管理）できない人が、人（部下）をコントロール（管理）できるはずがない。

望ましい順に述べると、①注意する②叱る③怒る④罵《ののし》るとなる。頭に血が昇ったり怒ったり罵《ののし》ったりしてしまうと、前後の見境がつかなくなる。その結果、往々にして過剰な言葉に走ってしまうものである。

ちょっと怒られたくらいでへこむようでは、将来の見込みがないと自らの非を顧みずに相手を切って捨ててしまう向きがあるが、それでは人を育てる資格がない。

相手を見て法を説き、機を見て法を説く。仏教では待機説法という。

叱ったり、注意することは、非常に有効な教育の手段でもある。相手も反省し人の話を聞く姿勢になっているからだ。それでも、人によって効果的な話し方や説明の仕方は異なるものである。頭に血が上って逆上していては、相手の様子を見る冷静さを失い、せっかくの教育のチャンスをふいにしてしまう。

どこに問題があったかを指摘し、どうすれば改善できるのか、次につながる対策や方向性を示さなければ、叱る（注意する）は実を結ばない。

Don't
してはいけないこと

19 フォローを怠ってはならない
（8ほめ2しかり1フォロー）

叱り方の基本は、叱られた部下が、上司などから叱られる前よりもやる気が高まる叱り方、ということである。

叱られる側が「然り（叱り）、ごもっとも」と納得する叱り方とは、すなわち「叱る」ではなく、どこが悪かったのか、どう直せばいいのかを「注意する」ということである。

「注意する」にも抑えておくべきポイントがある。

注意する前にほめること。「先ほめ後注意」、注意するときでも、まず「ほめる」が先で「注意」が後、それも2注意しようと思ったら先に8ほめること、「8ほめ2注意」、これが基本である。そして、最後にひとつフォローを入れることも忘れないこと。

たとえばこんな具合いである。

「君はこの仕事でよくがんばった。成果もこれだけあった。周りへの協力もよくやってくれた。

最後までよくねばった。しかし、この点はもうすこし時間をかけて工夫をすれば、君の力からすれば、もっといい結果が出せるだろう。もうひとひねり考えてみたら、いい方法が見つかるかもしれないよ。君ならできる」

注意で心がけることは、部下のやる気を奪うような注意の仕方を決してしない。部下のやる気を奪うような「叱り方」は最低のやりかたと心得ることだ。

注意の仕方で、もうひとつ押さえておくべきことは、モノやコトを注意することである。大切なのは「人」を叱ってはならない。人を叱るのは、人格を否定することになるからだ。

それゆえに、注意するのはモノとコトに限らなければならない。

モノやコトなら注意されても「次があるさ」と救いがあるが、人格否定は救いがない。「お前は死ね！」と言われるようなものだ。救いのない叱り方や注意の仕方では、やる気や向上心につながらず、かえって志気を阻喪《そそう》させる結果となりかねない。

また、結果を叱るのもご法度だ。結果はいくら叱っても、注意しても変わらないのだから、何の役にも立たない。前向きな注意の仕方とは、結果ではなくプロセスを注意することである。「プランの練り方が悪かった」、あるいは「説明資料をもっとくわしく作るべきだった」というように、結果に至るまでのプロセスを注意するのが「建設的な注意」の仕方である。

Do する べきこと

20 【納得目標】

巻き込み作戦を展開せよ

強制目標、押しつけ目標は、人財育成にとっても次のような弊害がある。

①挑戦しようとしない

無茶な目標の押しつけは、どうせできっこないとはじめからあきらめムードを生む。十分な動機づけが行われていないためチャレンジしようという意欲が湧いてこない。チャレンジしない指示待ち族的なジンザイには、永遠に成長のチャンスがない。

②具体的な行動計画がない

目標とは「願望＋時限設定＋行動計画」であるから、行動計画のない目標は、目標の要件を満たしていない。「名ばかり目標」、あるいは口先で「目標、目標」と唱え続けるだけの「呪文目標」である。行動がないのは、ＰＤＣのＤがないということだ。ＰＤＣの昇り龍サイクルに結びつかない。

③自分のものではない

上からの強制や押しつけでは、目標を「我がもの」と思えないので部下の意欲は上がらない。上から発破《はっぱ》をかけられた瞬間は、業績はやや上昇カーブを描くが、すぐに頭打ちとなり下降してしまう。「我がもの」でないということは、「他人事」である。これでは「他責人間」であり、人財の基本である「自責人間」が生まれない。もちろんそこには、当事者意識も芽生えない。

では、こうした弊害を除くにはどうすればよいか。

目標を納得目標にすることである。部下も納得した目標は、「死んでもやったるで!」と意欲が燃え上がるし、やや背伸び（ストレッチ）が必要な目標であっても挑戦する気持ちが生まれる。目標を納得目標にするには、社員を目標設定のプロセスに参加させることが重要だ。プロセスに参加することで目標は「我がもの」となる。そこにはアタッチメント（愛着）が生まれ、目標はマイベビーとなる。

マイベビーとなれば、この目標は絶対に達成しなければという、強いコミットメントが生まれる。

そして実際の行動計画は目一杯任せる。納得目標は、人在を人財へ成長させる最重要条件である。チャレンジ精神、実行する意欲、自責の精神を生むためには、経営者は部下を巻き込む作戦を展開することにより、納得目標、ひいてはコミットメント目標をつくらねばならない。

Don't
してはいけないこと

20 【納得目標】

上《じょう》意《い》下《か》達《たつ》に淫《いん》してはならない

上《じょう》意《い》下《か》達《たつ》とは、上の指示や命令を下に一方的に伝達すること、いわゆるトップダウンである。

経営者にはトップダウンが必要なときがある。理念や目標、戦略の決定は、最終的にはトップダウンだ。多数決で決まるとしたら、経営者の存在意義はなきに等しい。

しかし、反面で気を付けなければならない点もある。人は、自分の命令どおり、他人を手足のように動かすのは気分がいい。人に命令する悦びに淫して、命令することを自己目的化するようになっては、経営者は終わりである。このような人をおごった人、思い上がった人という。このように命令する自分に酔う兆候があれば要注意だ。上意下達は慎重に行うべきである。

次に、ジンザイを人財に育てようとするときにも、上意下達は控えめにしたほうがいい。

「人は論理により説得され、感情により動く」という言葉がある。

人は命令では育たない。命令でしか動けないジンザイは、82ページで示したジンザイの4タイプのうちの「人在」に該当する人である。ジンザイを上からの命令や指示ばかりで動かしていては、人財には育たない。

目標設定でも、上から強制したり、押しつけるやり方は人財を育てるには不向きである。目標を決めるプロセスに参加させ、自分の納得目標としてチャレンジさせることが人財をつくるための目標だ。そこにはコミットメントや当事者意識が生まれる。

納得目標は達成率も高いのだから、業績と人の成長の二兎を追える、非常に生産性の高い目標設定のやり方なのである。

では、どうやって目標を共有させればいいか。私は部下にこう言っていた。

「いついつまでに、これだけやってもらいたい。ついては、君ならどうやる。そのために何が必要か、ベストな仕事をするために必要な経営資源（ヒト・モノ・カネ・情報など）を私に提示してもらいたい」

この言葉の背景には、部下を信頼し「とことん任す」という経営者の覚悟と決意がある。たいていの部下は意気に感じ、目標達成に燃えてくれるものだ。上意下達だけでは、部下の心に火を点けることはできない。上意下達と下意上達《かいじょうたつ》の擦り合わせが肝要なのである。

Do

するべきこと

21

【生産性】

仕事の生産性を高めよ

私は生産性を〈生産性＝効率×効果〉と定義づけている。

生産性に注目しない経営者はひとりもいないだろう。しかし、経営者は生産性を正しく認識していても、往々にして現場は偏った生産性の認識をしていることが多い。

経営者は、社員に正しい生産性の認識を植えつけなければならない。

効果とは「何を＝ＷＨＡＴ」であり、効率とは「どう＝ＨＯＷ」である。

いうまでもなく「どうやる」より「何をやる」のほうが重要だ。製造業でいえば「どう作る」より「何を作る」ほうが優先なのだ。

お客さまが「バリュー・フォー・マネー」、つまり一定のお金を払って買いたいと思うだけの価値のあるものを作ることが必要なのである。

しかし、その点をよく理解していない人が多いのも事実だ。たとえば1時間当たり１００個の製品を作って販売していた会社の生産現場が、がんばって115個の製品を作ったとしよう。生産量が15％アップしたのだから、効率は間違いなく15％アップである。だが効果はどうか？15％も効率を上げて、多くの製品を作っても、できあがった製品にお客さまがバリュー・フォー・マネーを認めなければ、作った製品は売れるはずがない。結果として「罪庫」を作ることにもなり、経営は悪化する。

「罪庫」をつくる社員も、人財ではなく「人罪」となる。

「HOW＝どうつくるか」という効率の向上を追求しても、「WHAT＝何を」という効果が伴わない限り、コーカ、フコーカ、正しい意味における生産性が上がることはないのである。

仕事の生産性は上げなければならない。

しかし、生産性の意味を理解もせずに、ただ上から言われたままに仕事をしているという「人在」社員ばかりでは、企業の継続的繁栄は実現できない。

生産性というとつい効率に目が行ってしまうが、まず最初に、大事なのは効果だということを全社員で共有しなければいけない。

どうやるか（効率）よりも、何をやるか（効果）を第一に考えるべきである。

Don't
してはいけないこと

21 【生産性】 残業を美徳と考えてはならない

前項で「生産性＝効率×効果」と述べた。

一方、世の中には生産性＝効率×効果×時間という公式を主張する人がいる。この公式を敷《ふ》衍《えん》すると、効率よく効果も高く、長い時間働くことで生産性は上がるということになる。果たして、そういう公式が成り立つだろうか。

結論を言うと、私の考えではＮＯ！　である。この公式の背景には、長時間労働奨励、残業賞賛という考えかたがある。

日本のエリート、中央省庁に働くキャリア官僚に聞いても「霞が関では長い時間働いている人ほど、よい官僚と見られる傾向が強い」と言う。日本では残業は美徳という風土がいまだに根強いのだろう。

経営者にも「残業は美徳」と考えている人がいる。

一方、少数ながら「残業は悪徳」という、ものわかった経営者もいる。優れた経営者とは後者の人である。一例を挙げよう。SCSKという大手のIT企業がある。2011年に住商情報システム（SCS）とCSKが合併して誕生した会社である。この会社の現在の会長も「残業は悪徳」という経営者の一人だ。

中井戸信英《なかいどのぶひで》社長（当時）が実践した改革に「スマートワーク・チャレンジ20」という運動がある。この運動は、前年対比20％の残業削減と20日間の有給休暇の完全取得を掲げ、この2つを達成できたらインセンティブを与えるという仕組みになっている。達成に対するインセンティブは、残業代の減収を補てんするものである。

顧客にも残業を減らすことの意味、働き方の改善を理解してもらえるよう働きかけた。社員の家族にも数回にわたり手紙を書いて訴えた。

この施策の結果、合併前には月平均の残業時間35時間、年次有給休暇の取得が13日だった状況が、2年後には残業が18時間16分とほぼ半減、年次有給休暇の取得率は97・8％とほぼパーフェクトな数字を出した。

残業を減らした結果、業績は下がったか。さにあらず、同社は、過去最高益をたたき出したのである。漫然と昨日までと同じ仕事の仕方を続ける「人在」を「人財」に変えるには、まず経営者の「残業美徳症候群」という病気を治さなければならない。

Do○ するべきこと

22 【意見】異見も意見(Agree to Disagree)を大切にする人財を育てよ

国が戦争の危機に直面すると、メディアを含め国論が1つの方向に固まり、異論や反論を許さない空気が生まれる。異論や反論を差し挟めば、「非国民」扱いされ迫害を受け、村八分の標的となる。

戦前の日本は、山本七平《やまもとしちへい》氏が言うように、そういう「空気」に支配された状態であった。「空気」に支配されると、みんなが口をつぐむ。自由な発言は封じられる。〝物言えば唇寒し秋の風〟ということになる。「空気」に支配されたまま、日本は破滅に向かってまっしぐらに進むこととなった。

異論、反論を許さない「空気」に支配されることは企業にもある。しかし、こうした自由な発言を封じる「空気」は、組織を破滅に導くということを心得ておかなければならない。

よからぬ「空気」の支配を打ち破るにはどうすればよいか。それはみんなと違う「異見」の持ち主であっても、やはりひとつの意見として尊重(リスペクト)し、傾聴することである。

決して非国民ならぬ「非社員」として疎外したり、排除してはならない。「異見も意見」と受け入れる姿勢とは、すなわち〝Agree to Disagree（不同意であることに同意する）〟である。

〝Agree to Disagree（不同意に同意する）〟を日本語表現にすると、「なるほど面白い意見だね」「そういう考えかたもあるね」という言い換えになる。

これらの言葉が日常的に飛び交う職場は、基本的に健全な職場と言える。

人の意見を聴くときに、もうひとつ注意すべきことがある。それは態度だ。私は、どんな異見でもきちんとあいづちを打って聴くようにしていた。そうやって相手の話を積極的に傾聴することで、相手も積極的に発言してくれるようになる。

日本の組織では、長くいっしょに働いている仲間は、考えかたや意見まで似通ってくる。しかし、似たもの同士の間では化学反応は起こらない。全員同意見、全員賛成では考えかたに新しい付加価値が生まれない。

意見をぶつけ合うことにより、そこには刺激や摩擦が生まれる。新しい発想を生む引き金ともなる。人と人との相性のことを英語で〝Chemistry（ケミストリー）〟という。「よい相性」とは、よい化学反応を起こす関係のことだ。

異見や反論は、職場によい化学反応を起こす触媒なのである。異見は許容されるだけでは不十分である。積極的に奨励されなければならない。

Don't
してはいけないこと

22 【意見】

諫言居士《かんげんこじ》も人財と認め排除してはならない

お世辞やごますりで近づこうとする人物を徹底して遠ざけたナポレオンでさえ、「閣下のようにお世辞もごますりも通用しない人は本当に困ります」と言いながらにじり寄ってくる部下に対してはつい相好を崩したという。

イエスマンばかりを周囲に置けば、社長の耳には心地よい言葉しか入ってこない。独裁政権が倒れるのは、独裁者には耳ざわりのよい情報しか上がってこないため、状況判断を誤り、取り返しのつかないことになるためである。「権力は腐敗する。絶対権力は絶対に腐敗する」（ジョン・アクトン卿、イギリスの歴史家・政治家・思想家）という言葉もある。

周囲をイエスマンばかりで取り巻けば、そこには軋轢《あつれき》は生じない。みんなが和気藹々《あいあい》で、一見よい雰囲気のようだが、そういう組織は活性化はせず、正しい情報が上がらずにトップは舵取りを誤る。イエスマンばかりの組織は、生命力に乏しいのである。

表面ではニコニコと上に従いながら、陰で不満や不平をこぼす面従腹背《めんじゅうふくはい》型の社員は企業の中に掃いて捨てるほどいるが、上司に対し堂々と諫言《かんげん》を述べる諫言居士《こじ》は少ない。「奇貨居《きかお》くべし」なのである。

私は取締役会議で強く異論を唱え、日本社長を解任された苦い体験がある。

ある消費財を扱うグローバル企業の日本法人社長をしていたときのことである。アメリカ総本社の会議で、経営上の問題に関して「この問題に関しては、私が社長である限り、日本は総本社の方針に従えない」と、机を叩いて断固異議を唱えた。

そして、その2ヵ月後に社長職を解任された。

しかし、表現の仕方についての反省はあっても、断固として異論を唱えたという行為に対する後悔は一切なかった。〝反省あれど後悔なし〟である。自分の主張は、日本法人の社員と顧客に対する責任を第一義として考えたうえでのことだったからである。

異論とは、それが正しい異議の申し立てであっても、経営者にとっては耳に痛いことが多い。瞬間的に不愉快な思いを抱くかもしれない。

しかし、組織を健全に維持し活力を保つためには、経営者は異論や反論を述べる部下も人財と認め、積極的に受け入れる心の幅や柔軟性が求められる。

Do○
するべきこと

23 【発想】
「考えられないことを考える（Think The Unthinkable）」気風と習慣を助長せよ

歴史は、考えられないこと（〝The Unthinkable〟）によって大きく転換する。

桶狭間で、2万5千人の今川義元《いまがわよしもと》軍を相手に、2千人の織田信長《おだのぶなが》軍が合戦を挑んだのは一般的な常識からは考えられない行動であったし、織田軍が勝利したのも考えられないことだった。キューバ革命は、最少でわずか12人のカストロ軍が、2万人の政府軍に勝利した。これも常識の域を越えている。

ビジネスでも、考えられないことを考える人が時代を大きく動かす。

ヘンリー・フォードは、当時、金持ちの道楽でしかなかった自動車を大衆の乗り物にしようと考えた。その夢の実現のために、低コストの生産方法を編み出しただけでなく、労働者が自動車を買えるようになるためには、労働者の賃金を上げなければならないと、まず自分の工場で働く労働者の賃金を2倍に上げた。

フォードがいなければ、今日の自動車産業の隆盛はなかったかもしれない。

他店で買ったタイヤでさえ返品に応じるという伝説をつくった百貨店ノードストロームの顧客満足は有名だ。

このタイヤの返品に応じたのは、ノードストロームの一店舗の販売員の判断だった。考えられないことをする販売員は、考えられないほど現場の判断を重視した経営者から生まれた。ノードストロームは、返品で失った利益を超える大きな利益を、返品から得ることになったのである。

考えられないことを考える気風・習慣のある職場とは、「出る杭」を伸ばす職場である。今日からできることを思いついたなら、今日やってみればいい。しかし、「出る杭」を伸ばすといっても、実現不可能な大風呂敷を広げるばかりの「放言居士《ほうげんこじ》」まで相手にしていては収集がつかなくなる。「出る杭」と「放言」を分けるのは何か。

〝Walk The Talk.（話した通りに歩く）〟という英語表現がある。「有言実行」「言行一致」「知行合一《ちこうごういつ》」という意味だ。実行こそが発想を放言にしない担保となる。そして「出る杭」となる社員を伸ばすにはやらせてみるのが一番だ。

出る杭は打たれがちである。だが、出ない杭は腐る。出すぎた杭は腐らない。

Don't
してはいけないこと

23 【発想】部下を箱の中に閉じ籠もったままにしてはならない

ある一部上場の化学メーカーの社長が「ブレーク・スルー」についてこう語っていた。

ブレーク・スルーに至るまでには四段階ある。

第一段階は、どうすれば問題が解決できるか徹底的に考えることである。

第二段階は、食事中でも入浴中でも散歩中でもそれが頭から離れなくなることである。

第三段階は、さまざまに角度を変えて、何度も問題を見直すことである。

第四段階は、夢の中でも問題解決を考える状態になることである。ここまで来れば、ブレーク・スルーはもう間近であるという。

ここで重要なのが第三段階である。起承転結は「転」がポイントなのだ。第三段階がないと考えは堂々巡りを繰り返すことになる。

人間の頭は、インプットのないことをアウトプットすることはできない。

新しい情報というのはすべて外にある。社内にいると、入ってくる情報の大半は「後追い加工情報」である。さまざまに角度を変えて問題を見直すためには、外部から新しい情報をインプットしなければならない。

ヘンリー・フォードが、分業化という生産システム（フォード・システム）を思いついたのは、街の肉屋の作業を見ていたときだった。

チャールズ・ダーウィンが進化論の着想を得るに至ったのは、ビーグル号に乗りはるか南米沖、赤道直下の島ガラパゴスの生態系を見たからだ。

経営者は、仕事の総時間のうち最低20％は外に出るべきというのが私の持論だが、社員にも外に出ることを義務づけるべきだろう。

総務や経理など社内で仕事をする人たちにも、社外に出ることを奨励すべきである。鮮度の高い生きた情報は外にある。仕事の品質を上げるためには、異業種の人との付き合い、顧客訪問、店舗視察、セミナーや講演会などに積極的に参加し、生の情報を仕入れなければならない。

積極的に外に出る人は、どんなセミナー・講演でも「この点は役に立つ」「あの点は参考になった」とポジティブな点を見つけようとするが、内に籠もっている人は、たとえ社命でセミナー・講演会に行っても、概して「我が社には向かない」「役に立たない」とネガティブな点を指摘するのが特徴だ。しかし、ネガティブな人も外に出ているうちに、次第にポジティブに変わっていくものである。ときには「箱の外にも出て考える（Think Out Of The Box.）」ことも必要である。箱の外に出ることにより、「閉じ籠もり症候群」という病気にかかる危険を排除することが可能となる。

Do○
するべきこと

24
【後継者】

経営者の最終評価は後継者づくりで決まると心得よ

人財のうちでも最も重要な人財は、経営者が身を引くと決めたときに、自分の後を継ぐことのできる後継者である。ゴーイング・コンサーン（企業の継続的繁栄）を実現するには、繁栄を継続できる適切な人に経営をバトンタッチしなければならない。

これが経営者の掉尾《ちょうび》を飾る仕事である。

とはいえ、多くの経営者は後継者に悩んでいる。「うちの会社には満足な後継者がいない」という経営者の悩みは、経営者の会に出ると日常的に耳にする言葉である。しかし、後継者は突然天から降って現れるものではなく、探し出すもの、そして育てるものだということを銘記しておく必要がある。後継者を外から招くというのもひとつの方法（私自身、何度も招かれた経験がある）だが、そういう人は、おいそれとは見つからない。社長の条件をクリアしなければ社長就任とはならないのだ。

後継者の育成プランのひとつに〝Succession Plan.（サクセションプラン＝後継者育成計画）〟がある。考え方は以前からあったが、ＧＥ社の元ＣＥＯジャック・ウェルチの実例で有名になった後継者の育成システムである。

後継者という、最重要人財は一夜にして生まれるはずがない。ＧＥといえども同様である。ウェルチは後継者の育成・選抜を長期的な計画をつくり実行しようとしたのである。

全世界の幹部社員の中から選ばれた候補者２００人全員に、経営者に必要な理念・思想・判断力・行動力・倫理性・精神力など、スキルとマインドの必要十分条件をトレーニングし、チャンスを与え修羅場の経験をさせることにより、実戦で競わせたのである。

ウェルチは、自身が講師として登壇することで、後継者を育てるサクセション・プランの重大性を身をもって示したのである。

ＣＥＯの条件は社内に公開されているため、「なぜ彼が（彼女が）」というグレーな疑惑などつけ入る隙のないシステムである。２００人の候補は１００人に絞られ、50人、20人、２人と選別され、最後に後継者として残ったのがジェフリー・イメルトである。

我が社なりの後継者の条件を定め、それを社内で共有し、後継者同士を競わせるサクセション・プランは日本の企業でも有効なはずである。だが、それをシステムとして持ち、機能させている会社はほとんどない。大半は禅譲人事《ぜんじょうじんじ》である。

Don't

してはいけないこと

24 【後継者】

価値観・理念の共有度が低い人を後継者にしてはならない

後継者候補になるような人物は、当然仕事の能力も高く、実績も出している。では、それが後継者に求めるべき十分条件かというと、それだけでは不足である。

企業の継続的繁栄を担ってバトンタッチを受けた新しい経営者が、前任者の敷いた路線から離れて新しい戦略を採ることはよくある。

それが企業のさらなる成長を促すこともある。経営者が変わったのに旧態依然のままでは、経営者が変わった意味がないだろう。

しかし、経営者が変わったからといって、突然、企業理念や価値観、会社の理想像や進むべき方向性を変えることは、正しい経営のバトンタッチではない。

経営者が変わることで、戦略や戦術が変わることはあっても、その裏づけである企業理念や価値観、企業の目指す理想像は、微調整はあったとしても、その根幹はそうそう変えてはならない。そこはまさに流行に対する不易の部分である。

経営者は選手交替しても、変わらないのが企業理念である。

後継者の候補とすべき人物は、実績のみならず価値観や理念を共有できる人に重点を置いた選考をすべきである。

一番成績が優秀だから、というだけで選ぶのでは、長期的に見れば継続的繁栄に結びつかないことが多い。

組織は戦略に従うが、戦略は価値観・理念・ビジョンによって定まる。企業は、価値観・理念・ビジョンによって方向づけられるのである。

後継者は、企業の性格と相性のよい人物であることが望ましいのだ。相性（ケミストリー）は、愛性に通ずるのである。

後継者のマトリックス

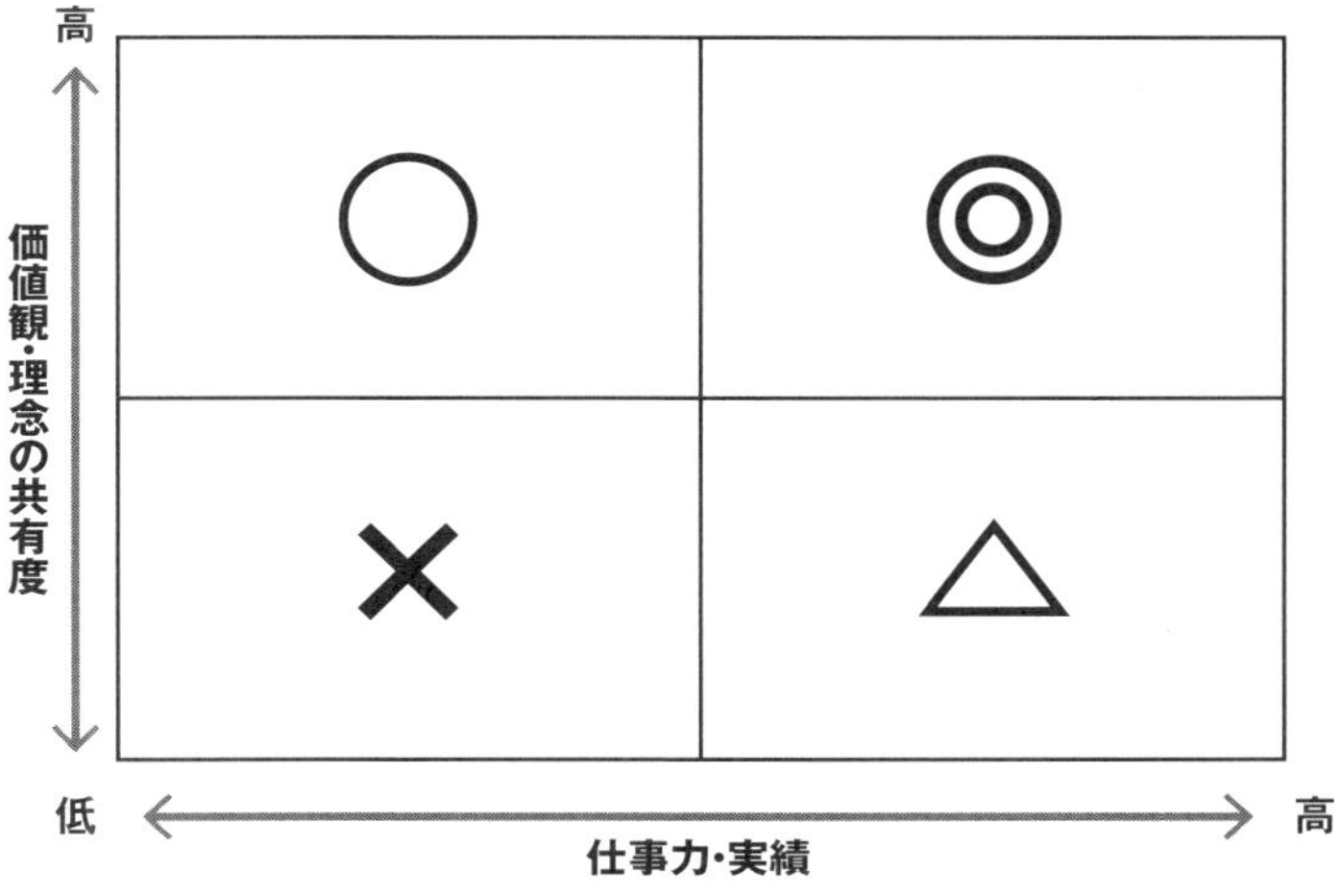

第3章

自分育成のための「Do's」と「Don'ts」

「デキル人というだけでは部下は納得してついてこない。デキタ人というだけでは仕事の質に不安がある。リーダーとして人を導けるのは“デキル　デキタ人”である」

Do○ するべきこと

25 【仕事力と人間力】

〝デキル デキタ人〟になれ

仕事のできる人、マネージメント能力や専門能力の高い人のことを〝デキル人〟という。一方、人間的な魅力にあふれる人格者、信頼できる人、どんな人でも懐深く受け入れてくれる包容力の大きい人のことを〝デキタ人〟という。

「デキル人よりデキタ人」とよく言われる。人は仕事のできる才に長けた人よりも、人間力のある徳の高い人について行くものだ。品性に欠けた人を「小人《しょうじん》」と呼ぶ。徳の高い人は「大人《たいじん》」と称される。

「桃李不言下自成蹊（桃李《とうり》もの言わざれども下おのずからみちを成す）」という中国の格言がある。桃やスモモは何も言わないが、花や実に誘われて、その木の下には多くの人が集ってくるので自然と道ができるという意味で、人望のある人を桃やスモモにたとえている。

有徳の人物は黙っていても人を引き寄せるということだ。経営者も桃李のようであることは望ましい。しかし、人間力だけで十分なのだろうか。残念ながらそういうわけにはいかない。

経営者は多くの人を惹きつけたうえで、人々を正しい方向へ導き結果を出すことによりビジネスを成功させなければならない。経営者は結果を出す責任（アカウンタビリティ）を負っている以上〝デキタ人〟であればよいというわけにはいかない。スキル（デキル）もマインド（デキタ）も必要なのである。

つまり経営者は〝デキル　デキタ人〟でなければならない。言い換えれば、才と徳の両方が求められる。

「才あれど徳なし」という人は定年まで部下を持たない専門職、「徳あれど才なし」という人は冠婚葬祭担当の副社長職あたりが相応しいだろう。

デキル デキタ人のグラフ

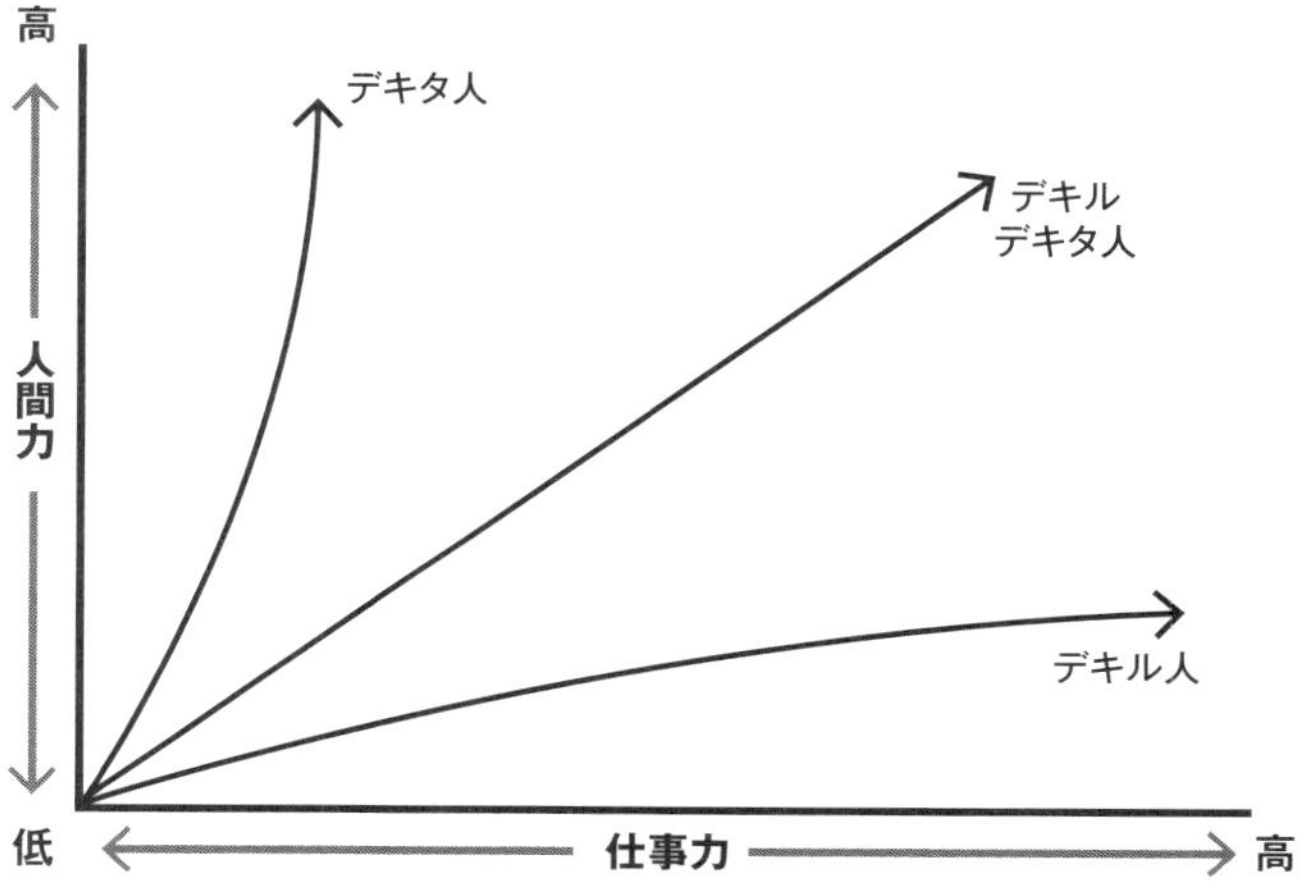

Don't
してはいけないこと

25
【仕事力と人間力】

〝デキル人〟や〝デキタ人〟に重要な仕事を任せてはならない

私の失敗談を話そう。32歳のときにシェル石油での実績を見込まれて、日本コカ・コーラへ移籍した。今日で言うところのヘッドハンティングである。

新製品のマーケティングの責任者を任され、私は勇躍《ゆうやく》新天地に臨んだ。自慢ではない（と言いながら実は自慢している）が、当時の私はマーケティングに関しては人後《じんご》に落ちない自負があり、実際、テクニカル・スキル（専門能力）もコンセプチュアル・スキル（飲料市場全体を捉える知識・見識・先見力）も一級だったと（勝手に）思っていた。

着任初日、私は新しい部下に、飲料市場の動向と今後の見通し、我々が取るべき手段についてとうとうと語った。部下は私のスキルを認め、きっと安心して私についてくるだろうと考えていた。ところが、日を追うごとに部下の態度がよそよそしくなる。何か冷淡なのだ。有り体にいうと嫌われていたのである。仕事はチームでするのが基本だ。チームのメンバーとリーダーの心が離れていては仕事がうまくいくはずがない。

私は人並みに悩んだ。そこでシェル石油時代の尊敬できる先輩に、思い切って相談した。先輩は快く相談に乗ってくれ、こういうアドバイスをくれた。

「君は仕事はできる。知識もあるし能力も高い。しかし、部下は上司の能力についていくわけはない。君という人間についていくのだ。人間力を磨きなさい」

先輩のアドバイスを受け、私は一生のうちで最も多くの本を読んだ。

ピーター・F・ドラッカー、デール・カーネギー、安岡正篤《やすおかまさひろ》、『論語』や『貞観政要』、その他歴史書も数多く読んだ。行動も改めた。人間力を表に出すとすれば、その第一歩は笑顔である。常に軽い笑顔で部下に接するように努めた。〝8ほめ2注意〟、〝8聴き2しゃべり〟を励行し始めたのもこの頃からである。次第に部下から「新さんは変わった」という声が聞こえ、それに従いチームワークの状態も変わっていった。職場に吹く風が北風から春風に変わった。

会社の中に吹く風を社風と呼ぶ。よい社風はいい企業文化を生む。よい企業文化を持つ会社は、よくない企業文化をもつ会社に比べ、逆境に対する抵抗力が4倍強いという。

デキル人というだけでは部下は納得してついて来ない。

デキタ人というだけでは仕事の質に不安がある。リーダーとして人を導けるのは「デキルデキタ人」である。

Do○ するべきこと

26【望ましい姿】

幅広三点深掘り型の自分をつくれ

ビジネス・パーソンには5つの型がある。

1. 一点深掘り型（スペシャリスト）／なにかひとつ専門性を持った人、これはできる！という得意ワザを持っているスペシャリストである。得意分野では実力を遺憾なく発揮するものの、それ以外の分野についてはまったくわからない。こういう専門性はあるがそれ以外はまったくダメという人は、専門という言葉の後に、得てして二種の動物が付いてくる。馬と鹿である。リーダーにはなり得ないタイプである。しかし専門バカをバカにしてはいけない。いかなる業種・業態の企業でも、スペシャリストは必要なのだ。

2. 幅広浅掘り型（望ましくない意味でのゼネラリスト）／あれもちょっと知ってます、これも少しはできますというタイプ。広く浅い勉強によって知識はある。いろいろ経験していて知見のすそ野は広い。しかし、"Jack of all trades and master of none.（なんでもできるが、なんにもできない人）"である。なんでもチョコッとはできるが、深いことはダメという「チョコデキフカダメ」の人である。一点深掘り型のスペシャリストが専門バカなら、こちらはただのバカ。40歳以上の日本人ビジネスパーソンの80%以上はこのタイプである。

3. 幅広一点深掘り型／プロフェッショナルとは自分の足で歩け、自分の手で稼げる人のことである。対するにアマチュアとは、会社の名刺で仕事をしている人のことだ。プロは少なく、アマは数多《あまた》いる。幅広い知識と経験を持ち、一点「これだけは人に負けない！」というレベルの専門性を持った幅広一点深掘り型の人は、プロフェッショナルといえる。本当にプロのレベルに達するには、一万時間を要するという。

4. 幅広二点深掘り型／幅広い知識と経験を持っているとともに、ふたつの深掘りがある。ひとつは何らかの専門性——営業でも技術でも経理でも——を身に付けていること。もうひとつの深掘りは、リーダーシップとマネジメント能力である。こういう人は経営者たり得る。ただし、並みの経営者である。

5. 幅広三点深掘り型／このタイプは、前項4の幅広二点深掘りに加え、もう一本の深掘り、すなわち「人間力」を身に付けている。人間力とは、（信頼＋尊敬＋意欲）である。意欲とは自分自身の意欲が高いだけでなく、社員の意欲を高めることができるという意欲である。幅広に加え、この3つの深掘りがある人は一流の経営者といえる。一軍の将（ゼネラル）になり得る人であり、望ましい意味でのゼネラリストである。

Don't

してはいけないこと

26

【望ましい姿】

経営者は〝仕事ができる〟を看板にしてはならない

経営者は常に、左ページ下図の⑤一流の経営者、つまりゼネラルタイプの、望ましい意味でのゼネラリストを目指すべきである。

経営とは人を通じて目標を達成することである。深掘りすべきスキル（専門性）のひとつは、人を育て、人を活かし、効果的に人を動かす能力であり、これがまさにリーダーシップなのである。

社内のロールモデル（生きたお手本）であるべき経営者が、仕事ができることは当然と言える。しかし、人を使って仕事をする経営者が〝自分は仕事ができる〟を売り物にしてはならない。ときと場合によっては「知っていながら知らない素振り」が一流の経営者の基本姿勢なのである。

現場からたたき上げた経営者が陥りがちな陥穽《かんせい》がある。営業で業績を上げ、昇進をして社長になった人が、往々にしてとり付かれる誘惑は、全社全部門に目配り気配りをして統率しなければならない立場であるにもかかわらず、ついつい営業に目が行き、勢い余って余分な口を出すということだ。

社長に口出しされた営業部長は、士気もモチベーション（動機付け）も失われ、やる気も挫かれる。

社長自身が、営業部長の自立を大きく阻害してしまってはいけない。人には持ち分というものがある。役割分担である。

経営者は、過去の成果に惑わされることなく、社長の仕事に徹すること。営業出身の社長は特に営業に関しては必要以上に口を出さず、自制、自律することが必要なのである。経理でも技術でも同じことである。自分を律することのできない人には、仕事を律することはできない。

ビジネスパーソンのタイプ比較

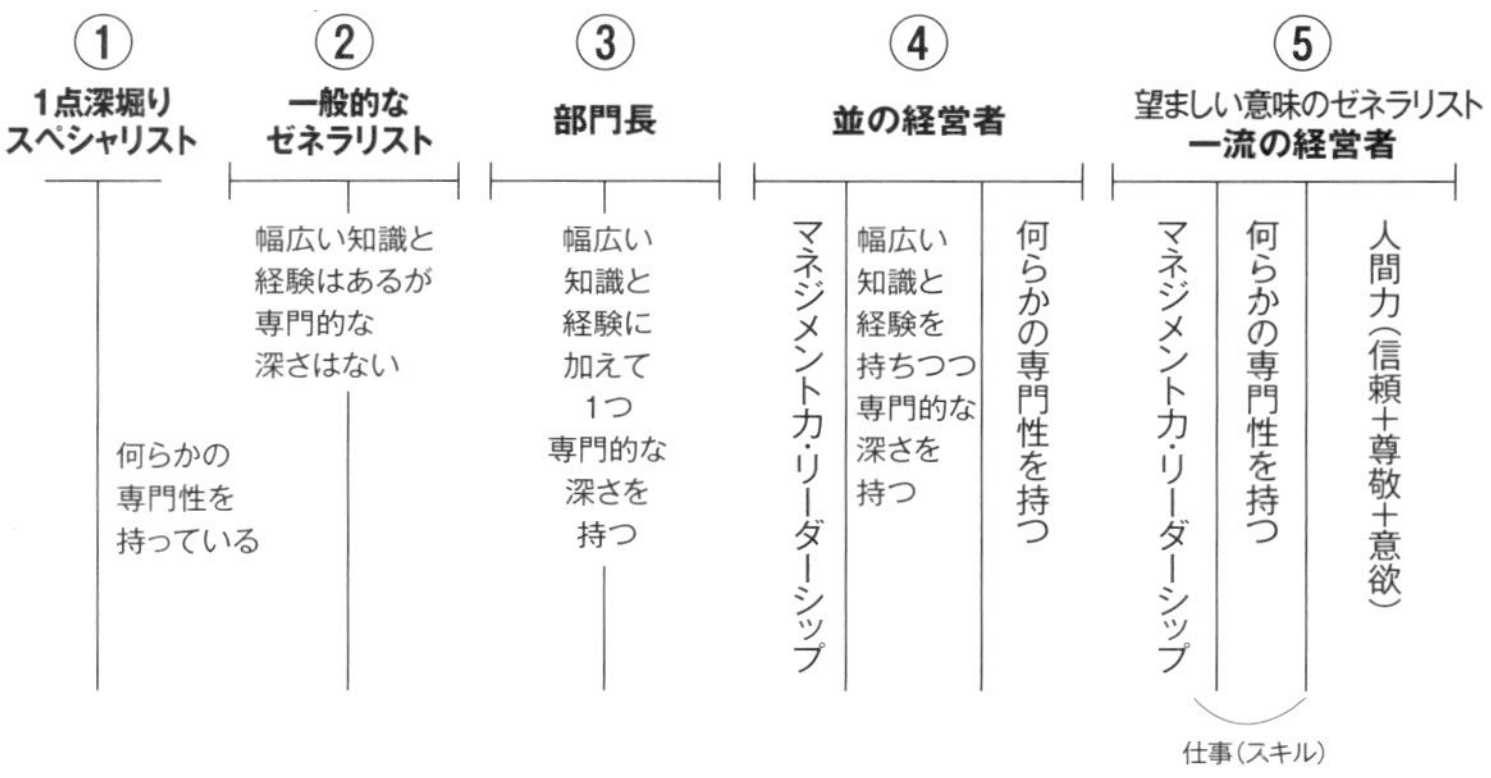

Do○するべきこと

27【プロとアマ】
プロ（PRO）になれ

ここでいうPROとは、前項のプロフェッショナルのことではない。次の3つである。

P：Positive（ポジティブ＝肯定的）
R：Responsibility（レスポンシビリティ＝自責）
O：Objective（オブジェクティブ＝目標）
これが経営者の保つべき基本姿勢（PRO）と言っていい。

ポジティブ＝肯定的とは、何事もポジティブに捉え考えることだ。困難な局面でも、どうしたらできるかと決してあきらめない強い心を持つこと、すべてのことに対し前向きで明るい態度で臨む陽転の姿勢である。

NK（ナチュラルキラー）細胞をご存知だろうか。NK細胞はリンパ球の一種で、ガン細胞やウイルスに対し免疫力を発揮する頼もしい身体の味方だ。NK細胞の働きが活発だとがんや感染症にかかりにくくなるといわれる。

そのＮＫ細胞の活動の促進に大きく貢献するのが「笑い」だという。何事も悲観せず、肯定的で明るい心を持つ人は免疫力が高まり、病気になりにくい身体となるという。経営者は、率先して会社という組織のＮＫ細胞を活性化しなくてはいけない。

レスポンシビリティ＝自責については、コカ・コーラをグローバル企業にした立役者、ロバート・ウッドラフの言葉が象徴的である。
ウッドラフは〝I admit I made a mistake.〟（私が間違ったことを認めます）
これを「The Most Important Words.（最も重要な言葉）」のひとつとして挙げている。ちなみに、もうひとつの最も重要な言葉は〝We〟（われわれ）である。経営者のみならず、ビジネスパーソンは皆「自責人間」でなければならない。結果責任を負わなければならないのだ。

オブジェクティブ＝目標について、イチロー選手がこう言っているそうだ。

「小さいことを積み重ねるのが、とんでもないところへ行くただひとつの道だと思う」

目標達成とは、小さな成果を積み重ねた結果である。そして、目標を一つひとつ乗り越えることは成長を生む。成長しているということは「若い」ということだ。

目標をもって生きている人は、いつまでも若く元気だ。それは、日々成長しているからである。年齢は無関係という認識で、若く元気なことも経営者の条件である。

Don't
してはいけないこと

27 【プロとアマ】

アマ（AMA）になってはならない

アマとは次の3つのことである。

A＝甘えの構造
M＝まあまあ主義
A＝アンタが悪い（他責）

この3つは間違っても経営者が、態度に出したり、口に出してはいけないことだ。心に思ってもいけない。経営者が何かのはずみに気の緩みを見せれば、悪貨は良貨を駆逐する。たちまちのうちに組織全体に悪しき空気が蔓延してしまう。

危機に直面したときに人は「まだまだ人間」と「もうもう人間」に分かれる。「まだまだ人間」とは、まだまだいける、チャンスはあると前向きな人である。「もうもう人間」とは、もうだめだと早々にさじを投げてしまう人のことである。経営者は当然「まだまだ人間」でなければいけない。

A＝甘え〝Complacency〟。もうこれでよいか、まあエーやんか、そのうち誰かが何とかしてくれるだろうとは、一瞬たりとも考えてはいけない。もし、そう思うようになったら引退を覚悟したほうがよい。

経営者が「これでいいのだ」と考えたときから、企業は老化をはじめる。

M＝まあまあ主義も大敵である。安易な妥協をしてはならない。

持ちつ持たれつの関係はまあまあ主義、ナアナア主義の温床だ。信賞必罰《しんしょうひつばつ》が明確でなく、失敗してもお咎《とが》めなしで、穏便な人間関係ばかりを気にしていては、組織はたるむし人も腐る。有能な人間ほど、こうした組織に見切りをつけて辞めてしまう。

A＝あんたが悪い〝Pointing a finger.〟は、言語道断、お話にならない。

しかし、お話にならないことが実際にあった。２００１年、大手電機メーカーの社長が経済誌のインタビューを受けたとき、記者の「就任以来ずっと業績の下方修正が続いている。社長の責任をどう考えるのか」という質問に「従業員が働かないからいけない。経営者は株主に対し責任があるが、従業員に対し責任はない」と堂々と述べたという有名な話がある。

他責の経営者が「継栄者」になることはあり得ない。

Do○
するべきこと

28

【着眼大局・着手小局】

鳥の目、虫の目、魚の目の3目を養え

鳥瞰図《ちょうかんず》とは上空から全体を俯瞰したものだが、経営者は鳥の目と虫の目が求められるといわれる。私は、さらに魚の目をそこに加えたい。

鳥の目とは、上から全体の様子を捉える大局観や全体観のことである。これは経営者の立場としては当然の視点である。

虫の目とは、細部に対する気づきである。

細かいことだからどうでもいいのではなく、細かいから大事なのである。「成功は千の細部である」という言葉を思い出したい。

魚の目とは、会社の置かれた環境と川の流れ（傾向・トレンド）を把握する能力のことである。方向に対するセンサー的な目である。

優れた経営者は年齢に関係なく、この3種類の目を持っている。

あるベンチャー企業の経営者は、私が会ったときにはまだ25歳の若さで、3年後の上場を目指し破竹の勢いだったが、態度物腰が控えめで好感の持てる青年だった。それだけでなく自分の会社の現在と将来、業界の現在と将来の見通しも冷静で的確であり、社員のことも老・壮・青それぞれの役割を理解・評価し、バランスをとりながら動かしていた。

また、彼は彼を見込んで教え導く人たちにも恵まれていた。この人に教えを乞いたいと思う人には、積極的に自分から会いに行くのだという。

私は、この若きベンチャー経営者と会いながら、自分の周りにいる25歳とどこが違うのか考えていた。

結論は、彼の視野の広さ、細やかさ、感度のよさが同年代の青年とは決定的に違うということだった。


鳥の目、虫の目、魚の目は経営者が備えるべきセンスである。センスは、半分は生まれつきのものだが、半分は自分の意識・努力で磨くことができる。センスは人によりマチマチであり、まさに「センス万別」である。

簡単に言うと、広く本を読み、広く優れた人と接し、現場に足を運び、お客さまの生の声に耳を傾けることにより、「鳥虫魚の3目」を養うことができるのである。

Don't
してはいけないこと

28

【着眼大局・着手小局】

視野狭窄《しやきょうさく》・視界矮小《しかいわいしょう》にならない

着眼大局・着手小局とは、物事を大きな視野で捉え戦略を練り、実行するときは小さな成功の積み重ねで大きな成功につなげていくということだ。

物事を捉えるときには全体的に捉えるべきで、たとえ部分を見ているときでも、一点ばかりにこだわって視野を狭くしてはならない。

鳥の目、虫の目、魚の目は同時に働かせる機能なのである。部分を理解しながら全体を俯瞰し、一点に注目しながらも３６０度にセンサーを働かす、同時に先を見る、それが経営者の視点なのである。

３種類の視野を交互にスイッチしながら見ていないと、【生産性】のところで述べたように、効果を忘れて効率を追求したり、【戦略】と【戦術】のところで述べたとおり、戦略と戦術を逆転・混同したりすることになる。

経営では「部分最適」と「全体最適」というが、ともすれば部分最適を追求して全体最適を損なうこともある。

バブル崩壊後、価格破壊といわれる時代があった。メーカーはバブル時代の過剰在庫を減らすべく大型スーパーの言い値で商品を卸していた。この頃の大型スーパーのバイヤー（仕入れ担当者）は、常に他の中小型スーパーよりも有利な条件で仕入れができた。

仕入れはとにかく安い。バイヤーは肩で風切って歩いていた。

利は元にあり。スーパーはどんどん大型化し、一見、大型スーパーの天下のように見えた。しかし、仕入れが安いだけで経営が成り立つわけはない。仕入れ値を抑えるために、仕入れも大量にし店舗の大型化も加速した。その結果、大型スーパーは、売り場面積も商品在庫も30％過剰といわれるようになっていった。

過剰在庫は、企業の資金繰りを悪くする。日銭商売（毎日現金が入ってくる商売）のスーパーといえども、過剰な設備投資は重荷となった。

視野《しや》狭窄《きょうさく》や視界矮小《しかいわいしょう》は、ピンチのときやパニックのときに陥るわけではない。往々にして、得意絶頂のときこそ襲われる落とし穴なのだ。経営者の視野が矮小になったとき、企業の成長も矮小になるのである。

Do○

するべきこと

29

【脱皮】

快適ゾーンからブレークスルーせよ

剣豪宮本武蔵は『独行道』の中で「身にたのしみをたくまず」と戒めている。

人は快適ゾーン（Comfort Zone）にいると、なかなかそこから出ることができない。武蔵は、快適ゾーンは自分磨きの妨げ、修行の妨げだと言っているのである。

快適ゾーンに身を置いていると、どうしても心に弛《ゆる》みが生まれる。このままでよいと思った瞬間から、後退がはじまる。現状維持は、停滞ではなくレベルダウンであると心得なければいけない。人が成長するためには、ストレッチ（背伸び）やチャレンジをし続けることが必要だ。

緊張感がなくなれば、成長が止まるだけではない、ずるずると滑り落ちるような後退がはじまるのである。

快適ゾーンは目標達成にとっても大敵だ。

トップが今年も去年と同じ業績でいいと思ったら、社員は去年以下の働きしかしなくなる。経営者が快適ゾーンから脱け出せなければ、それは会社にとって危険信号である。

快適ゾーンは「怪敵ゾーン」なのだ。


快適ゾーンを打ち破りブレークスルーするには、「箱の外に出て考える」ことに加えて、「3かき」がある。「もの書き」「汗かき」「恥じかき」の3かきである。


書くという行為は、自分の頭の中を文字にして見直すことである。内省《ないせい》は自分磨きのひとつの方法でもある。そして、そこには精神的な刺激が生まれる。

汗かきとは身体を動かすことである。身体を動かすことで、快適ゾーンに耽溺《たんでき》していた精神も刺激を受け、リフレッシュすることができる。

恥かきとは、それまで経験したことのない、新しいことにチャレンジすることである。快適ゾーンとは、すなわち現状維持のことなので、不慣れなことにチャレンジすることは快適ゾーンの打破につながるのだ。

恥かきは成長のサイン、快適は危険サインである。

筋肉は負荷があったほうが強くなる。人の心も負荷があって磨かれるのである。

Don't

してはいけないこと

29

【脱皮】

ゆでガエルになるな

「ゆでガエル」といっても、料理の種類ではない。

いきなり熱湯に放り込まれればカエルは慌てて外へ飛び出すが、水を徐々に熱していくと、水の中のカエルは飛び出すタイミングを失い、ゆであがって命を落とす。

急激な変化であればだれでも危機感を抱くが、徐々に変化が進むと「まだ大丈夫」「もうすこしこのままでもよいだろう」と危機感を覚えないまま対応を怠り、気がついたときにはすでに手遅れという失敗のたとえである。

いままで上手くいっていたのだから、すこし状況が悪くなっても大丈夫という油断、外に出たら何があるかわからない、外がここより安全とは限らないという怯惰《きょうだ》の心、状況が悪くなっても自分なら大丈夫という慢心、こうした現状維持心が「ゆでガエル」の誘惑なのである。

「ゆでガエル」にならないためには、自ら変化をつくること。いくつかの箴言《しんげん》をまとめたので参考にしてほしい。

CHANGE

1. Insanity is to continue to do what you have been doing until yesterday and expect tomorrow to be a better day.（狂気とは昨日までと同じことをやり続けて、明日がより良い日になることを期待することである）

2. If you continue to do what you have always done, you will only get what you have always got.（過去と同じことを行い続ければ、過去に手に入れたものと同じものしか手に入らない）

3. It's not the strongest species nor the most intelligent that survive, but the one most responsive to change.（生き残るのは最も強い者でもなく、最も賢い者でもない。変化に最も迅速に対応できる者である）

4. Revenge of success.（成功の復讐）

5. The best way to predict the future is to create it.（未来を予測する最善の方法は未来を創ることである）

6. The greatest enemy for your future success is your past success.（将来の成功を妨げる最大の敵は、過去の成功である）

7. The only constant is change.（唯一不変なことは、すべて変化することである）

Do

するべきこと

30【自燃】自燃型・点火型人間をつくれ

成功するための一番大きな要素は運だが、運だけでは大きな成功は望めない。大きな成功を収めるには、能力と時間と情熱が要る。このうち最も大事な要素は情熱である。

情熱の火を燃やすといっても、人によって燃え方は異なる。私は、燃え方のタイプを次の5つに分けている。

1　自燃型人間

だれに言われなくても、自ら進んで情熱の火を燃やす自然発火タイプ。ビジネスパーソンの5～10％くらいがこのタイプである。

2．可燃型人間

積極的に自分から燃えるということはないが、だれかがマッチを擦ってくれれば燃え上がる可燃材タイプ。80％以上がこのタイプに属する。

3．不燃型人間

いくらマッチを擦っても、まったく火が点かない不燃材タイプ。

不燃型には2種類ある。生まれてこのかた一度も燃えたことがなく、これからも絶対に燃えないという確信犯的不燃タイプと、若い頃は情熱の火を燃やしたことがあるかもしれないが、いまや燃え尽きて燃える材料が残っていない灰になったタイプ。灰人（はいじん）ともいう。

この二つの不燃型タイプが、合わせて全体の2％ぐらいいる。

4．消火型人間

せっかく点いた情熱の火に水をかけて回る火消しタイプ。後ろ向き、ネガティブ思考の持ち主だが、困ったことにどこの会社にも1～2％はいるタイプ。

5．点火型人間

自ら燃えるのみならず、周りの人の心にも火を点けて回るモチベーターであり、リーダーシップのあるタイプ。可燃型の人に火を点けるためのマッチの擦り方を知っている人といえる。点火型人間の割合は、組織全体の5％程度である。

経営者は、自ら自燃型で点火型であるとともに、社内に自燃型、点火型の人財が増えるよう働きかけなければならない。

Don't
してはいけないこと

30
【自燃】

消火型人間になってはならない

ジョンソン・エンド・ジョンソンの社長時代、役員会で人間には自燃型、可燃型、不燃型の3つのタイプがあると、その当時の自説を披露していたところ、役員の一人から「社長、もう一種類います。せっかく点いた火を消して回る人がいます」という意見が出た。

なるほどと感心した私は、このタイプを「消火型人間」と名づけて自説に加え、それなら消火型の反対の点火型人間もいるなと、全部で5つのタイプとなったのである。

人間というのは、自分の目の及ばぬ範囲で部下が活動していると不安になる。ついつい失敗を恐れ、手綱を引き締めて抑えにかかってしまい、部下のやる気を殺《そ》いでしまうことがある。前例踏襲主義のお役所的な組織は、特にそうした傾向が強い。

「お前はダメだ！」「何度言ったらわかるんだ！」「どうせダメだろう」……、経営者はこの種の消火型の言葉を決して口に出してはならない。経営者が消火型の言葉を使えば、それはすぐに部下にも伝染する。

自燃型・点火型の人財を育てるには、経営者自らが模範を示さなければならない。
サントリーの創業者、鳥《とり》井《い》信《しん》治《じ》郎《ろう》氏の「やってみなはれ。やらなわからしまへんで」である。
これは社員に火をつける言葉である。鳥井氏はマッチ擦りの名人でもあったのだろう。

もうひとり、自燃型で点火型の有名な経営者がいる。

１９５４年、ホンダは業績不振、経営危機にあった。主力商品のトラブル、売れ行き不振、さらに最高品質の工作機械を導入するための設備投資が資金繰りを圧迫していた。そういうピンチのとき、落ち込んでいる社員に向かって、本田宗一郎社長は、日本の２輪メーカー初となる世界レベルのレースへの参戦宣言を打ち出したのである。

２輪レースの最高峰「マン島ＴＴレース」への参戦である。

製品のクレーム、業績不振に落ち込んでいる社員に、世界最高という大いに燃える目標を示したのである。社長、専務の情熱の火は、すぐに社員にも燃え移り、全社が世界最高峰のレース参戦に燃え上がった。

ホンダの社内報に載った「マン島ＴＴレース」参戦宣言には、本田宗一郎氏の夢でもある「全世界最高峰の技術」、そして世界レースでの「優勝」という文字が躍った。

参戦宣言から5年後、ホンダは「マン島ＴＴレース」の参戦を果たす。そして、その3年後には氏の宣言である世界最高峰の技術を証明する「優勝」を果たすのである。

Do するべきこと

31 【メンター】

3人のメンター（師）を持て

少にして学べば壮にして為すなり。
壮にして学べば老いて衰えず。
老にして学べば死して朽ちず。
『言志晩録』（佐藤一齋《さとういっさい》）

若いうちに学べば、壮年でその成果が表れ、何事かを成し遂げられる。壮年から学べば、老人になっても心は若く衰えることがない。老年から学べば、その成果は死後に残り朽ちることはないという言葉である。

学ぶことは年齢とは関係ない。生きることイコール学ぶことなのである。いかなる年齢であっても、学べば学んだなりの成果は出るのだ。

知識や情報を与えてくれる人を〝Teacher（先生）〟という。一方、生きる勇気や経営の知恵を与えてくれる人を〝Mentor（メンター＝師）〟という。生涯に3人の〝Mentor（メンター

＝師）〟を持つことができれば、その人の人生はバラ色になる。

ダイヤモンドは、ダイヤモンドでしか磨くことができない。同様に、人を磨けるのは自分よりも品質の高い人である。


自分で自分を磨く手段は、学ぶことや修羅場を経験することなどがあるが、自分を磨いてくれる人、すなわちメンター（師）を持つことも重要である。人に加え、「ブックメンター」という存在もある。つまり、座右の書である。

では、メンターはどうやって見つければよいのか。

メンターは、人生の段階ごとに現われる存在である。まだ若く経験不足のビジネスパーソンであれば、人生の達人からのアドバイスは、場合によっては深遠すぎて心に響かないかもしれない。こちらが若い頃にはメンターと思っていなかった人が、壮年になるとメンターであることに気づくこともある。

したがって、どんな人とのつながりも大切にすることだ。

その人脈の中から、いつか「この人がメンターだ」と気づくときがくる。メンターは、人脈のメンテナンスによって得られるのである。

いうなれば会社の上司や先輩、もしくは学生時代の恩師や先輩などは、メンターとしての大事な候補者なのである。

Don't
してはいけないこと

31【メンター】
過信・慢心《まんしん》・傲慢《ごうまん》のタコツボにはまってはならない

「優れたビジネスマンに見られる最も共通的な特徴は、日々の自己改革を怠らない人であることだ」（ピーター・F・ドラッカー）

人は、小さな目標を達成し続けているうちに、なんだか自分は何でもできるような気がしてくることがある。これが自信のうちは問題ないのだが、過信、慢心《まんしん》ましてや傲慢《ごうまん》にまで悪化するとなると、もはや手遅れである。本人にとって墓穴となりかねない。

会社が15％成長したといっても、業界全体が20％成長している状況なら、会社の実力は相対的に5％低下する。負け犬である。この状況でへたに自信を強めてしまえば、過信に陥る危険が高い。経営者には、自分の業績を客観的にながめる冷静さ、業界全体を見渡して判断する大局観が求められるのだ。

過信、慢心、傲慢にとりつかれた人は「自分は何でもできる、だからこのままでよい」と、人の話を聞かなくなるものである。当然ながら、人も企業も、重心が高くなればなるほど倒れやすくなる。倒産を経験した経営者の多くは、口をそろえて倒産の最大の原因は、自分の傲慢さだったことだと語っている。傲慢がゆえに、学ぶことを忘れてしまうのだ。

傲慢にならない秘訣は、常に人の話を謙虚な心で聴く耳を持つことだ。そのために口は一つ、耳は二つあるのだ。特に直言《ちょくげん》、苦言《くげん》、諫言《かんげん》は歓迎すること。耳の痛いことを言ってくれる人を遠ざけてはならない。

もうひとつ、過信、慢心、傲慢を避ける方法は「もうこれでよい」を止めることである。

トヨタが日本一の企業と認識されるようになってから久しい。

トヨタの強さの源泉を、その技術力やブランド力に求める声が多いが、私はそれだけではないと考えている。トヨタという企業は、どんなに好業績を上げてもカイゼンの手を緩めることがない。どんなにうまくいっているやり方でも、まだカイゼンできることがあるのではないか、もっとよいやり方があるのではないかと追求を止めない。「もうこれでよい」がないのである。常に「まだまだ」なのである。「トヨタの敵はトヨタである」という言葉もある。

この現状維持に満足しない社風が、技術力、ブランド力とともに、トヨタを世界的に最も優れた自動車メーカーに押し上げたのだと私は考えている。製造ラインも作業手順も、「どんなにうまくいっていても、さらによいやり方があるはず」と、勝っていても兜《かぶと》の緒を締めるのが、トヨタの強さなのである。

Do○するべきこと

32 【コミュニケーション】

コミュニケーション能力を磨け

「優れたリーダーは例外なく優れたコミュニケーターである」といわれる。同感である。私は、さらに次の二つを加えたい。

「優れたコミュニケーターは、例外なく優れた聴き手である」、「優れた聴き手は〝Me Attitude.（自己中心の考え）〟ではなく〝You Attitude.（相手の立場で考える）〟の人である」

これが経営者のコミュニケーションの基本姿勢だろう。

コミュニケーションの効果を上げるテクニックに「ネームドロッピング」がある。「○○さん、おはよう」と、あいさつするときに相手の名前を呼ぶのである。

自分の名前は、この世で一番美しい響きである。単なるあいさつでも、相手の名前を呼びかけることで、あいさつ以上の効果を発揮する。

エクセレントなコミュニケーションには10の条件がある（左図参照）。

コミュニケーション10カ条

第１条　コミュニケーションはまず「聴く」ことから始めよ

第２条　コミュニケーションで重要なのは「自分が相手に何を言ったか」ではなく「実際に相手に何が伝わったのか」であると心得よ

第３条　コミュニケーションでは相手の目を見て大きめの声でゆっくりめに話し、相手と波長を合わせることを心がけよ

第４条　話の順序は、相手によっては起承転結の「結」から話せ

第５条　コミュニケーションは時間をつくって行う仕事上の課題である

第６条　真のコミュニケーションはフェイス・トゥ・フェイスでなければならない
Ｅメールは簡単な情報の伝達手段にすぎない

第７条　悪い話（Bad News）ほど速やかに報告せよ

第８条　みんなのため仕事のためによかれと思ったことは、立場を越えてどしどし発言（Speak Out）すべし

第９条　「Agree to Disagree」異見も意見として認めよ

第10条　「飲みニケーション」は「Nice to Do」であっても「Must Do」であってはならない。真のコミュニケーションが行われる本来の場所は職場である

Don't
してはいけないこと

32 【コミュニケーション】

伝えたから伝わったと思ってはならない

「コミュニケーション10カ条」に、「コミュニケーションで重要なのは『自分が相手に何を言ったか』ではなく『実際に相手に何が伝わったか』であると心得よ」という一条がある。

仕事の失敗の80％以上は、コミュニケーションの不備に由来する。「聴いた・聴いていない」「言った・言わない」のすれ違いは、ほとんどの場合、伝えたほうに責任がある。一方的な言いっぱなしが誤解やトラブルの原因を作っているのである。

これを裏づけるデータがある。ドイツの心理学者、ヘルマン・エビングハウスの実験によれば、人の記憶は20分後には42％、1時間後には56％、1日後には74％忘れるという「忘却曲線」を描く。忘れられないためには、手を替え、品を替え繰り返し伝えることが必要なのだ。

経験的には、口頭、メモ、伝言などで16回繰り返せば忘れられることはない。クドイ！と思われるだろうが、クドイ話にはそれなりの功徳《くどく》があるのだ。

忘れるだけではない。そもそも正しく伝わっていない可能性を心得ておく必要もある。

人は、何を話したかという言語（Verbal）情報よりも、話し手の声の大きさ、抑揚《よくよう》などの話し方や、話し手の服装、表情、身振り手振りなど視覚的な情報といった、非言語（Non Verbal）情報のほうに注意が向く。

伝わった情報のうち、話の中身の持つ影響力は全体の7％、話し方が38％、見た目の印象が55％を占めるという。これが有名な「メラビアンの法則」である。

正しく伝えるには、こうした前提を理解したうえで、コンテンツは短く明快に、フェイス・トゥ・フェイスで、何を理解してほしいのかという気持を、情熱を込めて伝えることに注意するべきなのである。

エビングハウスの忘却曲線

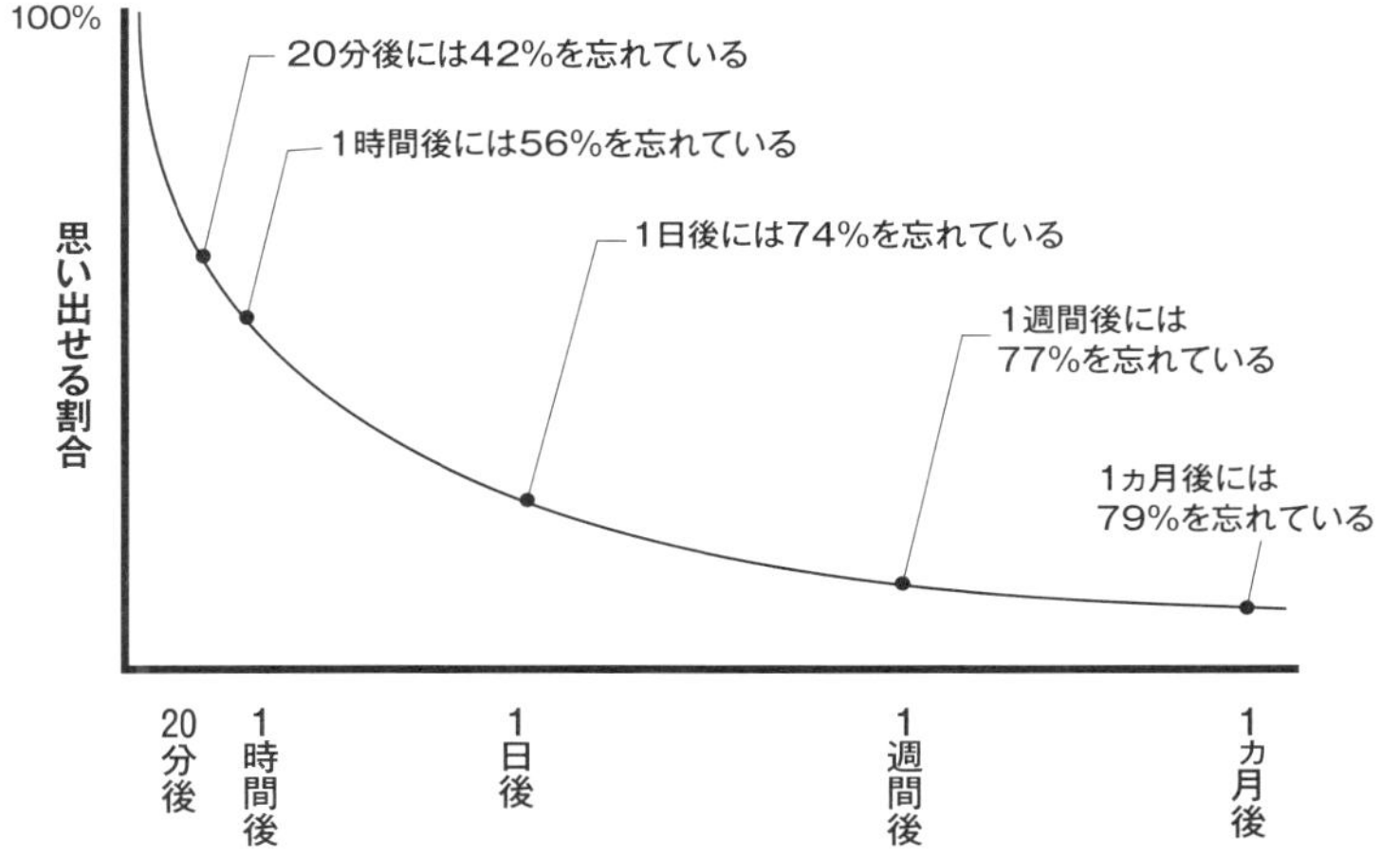

Do するべきこと

33 【ITリテラシー】

せめてデジタル移民になれ

すでに何度も触れたように、現代社会は①グローバル化、②ダイバーシティ（多様化）、③スピード化、④IT化に向かって進んでいる。それどころか、すでに突入している。殊《こと》にIT化は、主婦や学生にも簡単に起業できるチャンスを与え、有望銘柄はIT企業に集中している。IT化の推進力であるデジタル機器の技術革新も著しい。

ITスキルに対しては、経営者は次の3つのタイプに分かれる。

1. NATIVE（原住民）　オギャーと生まれたときから周囲をデジタル機器に囲まれて育ち、アナログ機器など見たくても見られなかった生粋のデジタル人類である。ソロバンもレコード盤も知らない、若い世代の経営者がデジタル・ネイティブだ。

2. IMMIGRANT（移民）　生まれ育った時代はアナログだったが、時代の変化に応じ上手にアナログからデジタルに乗り換えた人々。40歳～50歳の経営者に多いタイプ。アナログ世界からデジタル世界へのデジタル移民である。

3．ＦＯＳＳＩＬ（化石）　いまだに通信手段は電話か手紙、せいぜいＦＡＸというカチンカチンのアナログタイプ。スマホは持っているが、通話以外には使わないデジタル化石がこのタイプとなる。60歳以上の経営者にときどき見受けられる。

社会インフラがＩＴ化している以上、経営者は好むと好まざるとにかかわらず、さっさとアナログ世界からデジタル世界へ移住すべきである。飛行機が嫌いだからと、海外出張に船で行く経営者はいないだろう。デジタル機器も所詮は道具、道具は慣れて使いこなすしかない。

しかし、デジタル機器に慣れる以上に重要なことがある。

それがＩＴリテラシーだ。ビッグデータなどといわれると、すごい情報のように思えるが、肝心なのは情報を鑑定する眼力である。

イラク戦争のとき、ＣＩＡはイラクに大量破壊兵器がある証拠となるデータを探し求めた。膨大な情報の中には、それらしいものもあった。米国はそれを根拠にイラクに侵攻したが、結果はそれらの情報はすべて偽物か誤りだとわかった。

世界一の情報機関が膨大な情報を集めても、それを鑑定する眼がなければ情報は生かせない。その鑑定眼の基本となるのは、やはり不易流行《ふえきりゅうこう》、原理原則であることを経営者は忘れてはならない。

Don't

してはいけないこと

33【ITリテラシー】デジタル化石になってはいけない

人類はアナログ時代に月面に立った。ソロバンで計算しても、エクセルの計算機能を使っても、決算数字は変わらない。

アナログもまんざら捨てたものではないが、社会のインフラがIT化し、ビジネスツールもITに対応したものになっている現代では、経営者といえども、やはりITツールであるデジタル機器を使えないのでは仕事にならない。

15年前だったら、社長へのメールは秘書がプリントアウトして、印刷された紙を社長の手元へ持って来ていたが、いまどきそんな企業はないだろうし、そんな経営者もいないだろう。いたら残念ながら化石人間である。

同じ「セキ」でも、なっていいのは自責人間で、化石人間にはなってはならない。

いまや若い世代では、プログラミングの能力が基礎能力化している。昔は、読み・書き・ソロバンだった社会人の基礎能力は、いまやスマホの使い方やPCでのプログラミングとなっているのである。

２０１６年からは、マイナンバー制度がはじまる。個人のみならず企業にもナンバーが付与されるため、社会全体のIT化にはますます拍車がかかることになろう。アナログ好きの経営者の中には、デジタル機器を「遊び道具」と見ているため、どうにもなじめないという人もいるようだ。

たしかにデジタル機器は、まずはゲーム機として一般へと普及したものなので、そういう印象を持つのは無理もないかもしれない。

しかし、15年前には、将来ITが家庭にまで普及するときには、ゲーム機の発展形か、家電の発展形のいずれかが主導権を取るだろうといわれていた。

ゲーム機といえども、ホームオートメーションのOS（オペレーティングシステム）になると当時、本気で考えられていたのである。

遊び道具というものは侮《あなど》れない。自動車もその初期の時代は、金持ちの遊び道具にしか過ぎなかったのである。

ちなみに、今日、家庭のIT化を牽引する主役は、ゲーム機でもなく、家電でもなく、圧倒的にスマホが大きく水をあけている。15年前では考えられなかったことだ。だが、そのスマホの命もあと何年続くのか。答えは誰にもわからない。

Do○
するべきこと

34
【独裁】

衆議独裁を貫け

民主主義の原則は、たとえ一票でも多く票を取った意見が選択されるということである。

しかし企業経営の場で、賛成が8人で反対が7人だったから8人の意見で決定、となってしまっては、経営は成り立たない。

多数決で決めるなら社長の存在理由はない。

企業理念、目標、戦略等の経営上の最重要事項については、社長が一人で裁決すべきである。その意味ではトップは独裁者（独りで裁決する人）なのだ。

しかし、社長といえども一人の人間である。

神様ではなく、人間であるからには、誤った判断や決定をすることもおおいにあり得る。だからこそ、独裁の前には人の声に十分に耳を傾け、みんなでワイワイガヤガヤと議論する場を持つ必要があるのだ。

「衆議」を行うことにより、「独裁」に伴いがちな弊害を最小化するのである。

正しい経営とは、衆議と独裁の間のバランスの取れた経営なのである。「衆議独裁（Democratic Autocracy= 民主的独裁主義）」こそが正しい経営なのだ。

経営者はアカウンタビリティ（結果責任）を負う義務がある。これは、ただ単なる説明責任ではない。あくまで結果責任なのである。

日本の村社会には、昔から村々に自治組織があった。肝煎《きもい》りと呼ばれる代表者が集って村の決め事を話し合うのである。

話し合うといっても議論はしない。肝煎り方式とは、順番に自分の考えを述べるだけだ。当然、意見はばらばらである。しかし、だれも異論、反論をさしはさまない。議題は決まっているのだが、各自が自分の考えを示すだけなのである。

一回目はそれで解散、二回目も議論はしない。

ただ一回目と異なるのは、少数意見の人は発言を控える。そうして回を重ねるごとに意見が絞られ概ね一本に絞られる。そこでまとめ役が、「それではそういうことで」と結論を出す。

だれかが何かを決めたわけではない。

責任の所在は不明確だ。話《わ》して議せず。議して決せず。決して行わず。

それぞれ腹のうちで落としどころを探る、まさに談合であり、まさにアカウンタビリティ不在である。そこには正しい独裁が不在だ。経営者は、民主的独裁者でなければならない。

Don't
してはいけないこと

34
【独裁】

民主主義で経営をしてはならない

明治日本の真摯《しんし》な宗教家であり、硬骨の教育者であった内村鑑三《うちむらかんぞう》氏が、民主主義（Democracy）について面白いことを言っている。

「（民主主義は）甚だ悪くもなく、甚だ善くもない制度である」

民主主義は最悪なことは避けられるが、最善の道を選ぶ手段とはならないという意味である。民主主義は、圧政者を抑えることはできる（残念ながらアドルフ・ヒトラーは選挙で選ばれた）が、ひとりの聖人や有徳の士による善政には及ばないと内村鑑三氏は言っている。

企業経営においては、内村鑑三氏の言うことが的を射ている。

経営は「民主主義＝Democracy」ではなく、衆議を尽くした後に、経営力と人間力のある経営者による「独裁＝Autocracy」で決めなくてはいけないのである。

どんなにスキル（仕事力）も高くマインド（人間力）も高いという有為《ゆうい》な人財が育ち、信頼できる部下に恵まれ、優れたブレーンを得たとしても、会社全体に関わるような大きな決断は、経営者自身の信じるところにしたがって独りで決めなくてはならない。

民主主義で経営するということは、多数決で物事を決めるということになる。

多数決では、この人についていこう、経営者の示す方向に向かって一丸となってがんばろうということにはならない。そもそも多数決で物事を決めるならば、経営者は不要である。

経営者の情熱に感化され賛同する、あるいは経営者の語る夢や理念や志《こころざし》に心を動かされ、いっしょにがんばろうと決意する人が増えていくことを多数決とは言わない。

だから、経営者は経営力と人間力を磨き、社員の多くが「この人ならついて行こう」「ともに夢と理想の実現に向かってがんばろう」となるよう、「徳」と「才」のレベルアップを継続しなければならないのである。

たとえば戦略決定は経営者の仕事である。社員の意見やアイデアを求め、おおいに議論（衆議）を戦わせた後、最後は経営者が独りで決める（独裁）。決めたら全員で共有する。プロセスに社員は参加するが、最終的に意思決定するのは経営者の責務である。

「経営者とは意思決定者である」という。

多数決でことを決めるというのは、経営者の責任放棄にほかならない。

Doするべきこと

35 【朝令暮改】

朝令暮改《ちょうれいぼかい》は積極的に行え

自ら主体的に変わることは、勝ち残るための条件である。言うことがころころと変わる人というのは、変節漢、実のない人と見られがちだが、それは原理原則のない人のことである。

「変節」はご法度だが「変説」は必要である。環境が変われば方針を転換するというのは経営者の当然の役目だ。暗礁があるのに航路を変えない船長は、タイタニック号の船長である。

「唯一不変なことは、すべては変化することである（The only constant is change.）」

これは、２５００年前のギリシャの哲学者ヘラクレイトスの言葉である。

「過ちを改むるにはばかることなかれ」。孔子の『論語』にある一節だ。経営者自らが、正々堂々と間違いを認める潔さを示せば、賞賛されることはあっても非難されることはない。社員が哀しいのは、トンネルの先に光が示されない（方向性が示されない）ことであって、光の位置が変わることではない。

1982年にエクセレント・カンパニーとして紹介された企業のうち、ほぼ3分の1が2年後には「エクセレントではない経営状況」に陥っていたという。変化に対して迅速に対応することができなければ、いかなる企業も生き残れないという真実を物語る結果だ。

経済は生き物である。絶えず変わり続け、予期せぬ変化も当然起きる。変化に適応できなければ、エクセレント・カンパニーと称賛された企業といえども市場から退場を宣告されてしまうのだ。

状況に応じて変化を創る。変化対応の切り札は、自ら変化を創ることである。したがって、朝令暮改はおおいにやるべきことだといえよう。

〝CHANGE（変化）〟のGという文字からTという部分を除くと〝CHANCE（機会）〟になる。Tとは変化に対する恐れ〝Threat〟のTである。変えるべきときに変えなければ、それこそ「ゆでガエル」になってしまう。

変化を創ることができる経営者とは、変化先取り型の経営者である。変化の兆しをいち早くつかみ、環境変化が現れる前に然るべき手を打つ、先見力のあるタイプである。

新商品開発では、「時代の半歩先を行くことが大切」といわれるが、朝令暮改は「時代の半歩先を行く」経営者の証と捉えればよいのである。

Don't
してはいけないこと

35 【朝令暮改】

説明責任なき朝令暮改をしてはならない

朝令暮改は経営者の先見力の証明といっても、何の説明もなしに変更や「変説」をしたのでは社員の信頼は揺らぐ。経営者は説明責任を果たさなくてはならない。

何が起きたのか、なぜ変えるのか、どこへ向かうことになったのか、社員に何をしてほしいのか、できるだけ具体的に説明することが大事だ。

戦略を修正するような場合は、経営者自身の判断の間違いを認めなければならないこともあるため、それを具体的に説明するのはいささか抵抗を覚えるかもしれない。しかし、そこをあいまいにしては、なぜ変えるのかがわからない。社員は疑心暗鬼にとりつかれる。

朝令暮改を行うときには、「経営者は説明責任（アカウンタビリティ）を果たす」という原理原則に戻るべきだ。心すべきは〝Honesty is the best policy.（正直は最善の策なり）〟ということである。

正直に経緯を説明することは、経営者自ら「自責」を示すことでもある。経営者が自ら「自責」を示すことは、職場を「自責の集団」とする第一歩となる。

日常的に質の高いコミュニケーションが良好に機能している職場では、経営者がきちんと説明責任を果たしたところから、社員は新たな目的や目標に向かう気持ちが湧いてくるものだ。

このとき経営者の口から発せられるべき言葉は、「がんばれ」でも「しっかりやれ」でもなく、「がんばろう！」である。経営者は説明責任を果たし、解決策も示した。あとは社員の責任、「だからがんばれ」では、理屈ではわかっても心が動かない。

「人間は論理によって説得され、感情によって動く」とは、ニクソン元米大統領の言葉だが、あとは君たちの責任、自分は知らないよという風に聞こえる言葉では、社員の心に火が点くはずがない。人の心に響かない言葉は、社員を理論の面ではそれなりに理解させることができたとしても、心からの納得を生むことはできない。

別の方法もある。

あらかじめ変更の規準を定め、社員に説明しておくと変更がスムーズに進む。アメリカの企業では新しいことをやる場合、あらかじめ撤退のプラン（Exit Plan）を用意している。期間を定め、その期間内の業績が一定以上なら継続、業績が一定の水準に達しなければ撤退というように、止めどき、引き際の規準をあらかじめ決めておくのである。

第4章

顧客感動を実現する「Do's」と「Don'ts」

「顧客の気持ちを知る感性がなければ、顧客満足を超える顧客感動など実現することができるはずがない。経営者の感性が高まると、顧客から歓声が上がる」

Do○
するべきこと

36【顧客感動】
顧客満足は企業存続の最低条件であることを理解せよ

CS（顧客満足）については、まず左ページの表をご覧いただきたい。

一番上の不等式の意味するところは次のとおりである。お客さまが1万円のバリュウ・フォー・マネー（お金を払う価値）があると期待して買った商品・サービスが、実際に使ってみたら8千円の価値しかなかった。これでは顧客失望である。お客さまは「サヨナラ、サヨナラ」と離れてしまう。このような顧客失望を続けていれば、間違いなく会社は潰れる。

中段の等式の意味するところは、お客さまが1万円のバリュウ・フォー・マネー（お金を払う価値）があると期待して買った商品・サービスが、実際に使ってみたら、やはり1万円の価値だったということだ。これは顧客満足である。

ただし、まあまあ満足というレベルである。顧客満足は企業の存立できる最低条件であり、顧客満足を果たしている会社は「生き残る会社」である。

最後に、一番下の不等式の意味するところは何か。お客さまが1万円のバリュウ・フォー・マネー（お金を払う価値）があると期待して買った商品・サービスが、実際に使ってみたら1万2千円の価値があった！　ということである。

そこには顧客満足を超えた「顧客感動」が生まれる。感動客はリピーター（反復購買客）になり、ひいては推奨《すいしょう》客になる。

顧客感動を続けられる会社は、「勝ち残る会社」である。経営者が目指すべきは顧客感動だが、顧客満足、さらには顧客感動を目指すためには、その前に押さえておくべきことがある。

それは、ES（社員満足）である。

不平不満だらけの社員が、顧客に満足や感動を与えられるわけがない。次章の196ページで述べるいい意味での3K（カンキョー・カネ・ココロ）が必要なのである。

顧客失望・顧客満足・顧客感動の関係

事前期待　＞　事後評価

事前期待　＝　事後評価

事前期待　＜　事後評価

Don't
してはいけないこと

36 【顧客感動】顧客満足を果たしただけで満足してはならない

一口に「顧客感動」というが、具体的にはどういうことなのだろうか。

ひとつ具体的な例を挙げよう。ここに酒屋が2軒ある。一方はごく普通の昔からやっている酒屋、特に繁盛もしていないが、さればとてさびれてもいない普通の店である。

もう1軒も同じような構えの店だが、違いがひとつある。こちらの酒屋は繁盛店であるという点だ。地理的な優位性も、販売方法も、知名度も両者には違いはない。ただ、ほんの少しだけ違うのは、ビールを配達するときの動作である。

休日の午後3時、普通の酒屋は、お客さまから「すぐにビールを届けて」という注文が入ると「ありがとうございます。さっそくお届けします」と、倉庫からビールを1ケース取り出し配達する。

やはり休日の午後3時、繁盛店のほうの酒屋は、お客さまから「すぐにビールを届けて」と注文が入ると、やはり「ありがとうございます。さっそくお届けします」と、倉庫からビールを1ケース出してくる。ここまでは同じ。違うのはここからだ。

普通の酒屋の店主はそのまま配達に向かうが、繁盛店の店主はその前にひと動作が入る。店の大型冷蔵庫からキンキンに冷えたビールを3本取り出し、ケースの中のビールと入れ替えるのである。休日の午後3時、急いでビールを届けてほしいというお客さまの注文は、来客かパーティーか、とにかくすぐにビールを飲みたい人が家にいるということだ。

つまり、ビールはお客さまのところに着いたら、冷蔵庫で冷やされる間もなくすぐに注がれることになる。

そのとき、3本の冷えたビールがあれば、とりあえず来客に出すビールに困らない。残りのビールは家の冷蔵庫に入れてしばらく冷やせばよい。

ビールを注文したお客さまのところへは、ビールが注文の本数だけ届けば、顧客満足は成立する。しかし、そのうち3本は冷えたビールが届けられるということで、お客さまの満足は感動に昇華する。勝ち残る企業になるためには、お客さまの満足だけでは不満足なのだ。満足に付加価値を加え、顧客感動を目指さなくてはならない。

ここでひとつ考えて欲しいことがある。「我が社にとっての冷えた3本のビールとは何か？」ということだ。冷えたビールを届けないと、お客さまとの関係が冷えてしまうのである。

Do ○ するべきこと

37 【商品開発・市場開拓】

商品開発は他社とひと味違うものをつくれ

企業の成長のためには既存商品の維持、拡大が重要なのか？　それとも新商品の積極的な開発、導入がより重要なのか？　という基本的な疑問がある。

当然だが、どちらか一方に偏り過ぎるのはよろしくない、バランスが大切……。これではあまりにも優等生的な答え方で面白くない。ここで経営の原理原則に立ち戻って考えてみよう。

「成功の復讐」（Revenge of Success.）という言葉がある。

新商品を発売したところ大ブレークした。売り上げ好調、利益抜群という状態がしばらく続くと、経営者はしだいに「これだけ売れて儲かっているのだからしばらくはこれでメシが食っていけるな」という安易な現状是認（Complacency）に陥りがちだ。

成功するということは、望ましくもあり歓迎すべきことでもあるが、成功の美酒に酔っているうちに危機感が麻痺してしまいがちになる。「成功は失敗の母」なのである。

したがって、企業は持続的成長（サステナビリティ）を実現しようと思うならば、既存商品の維持、拡大のための販促や広告宣伝も必要だが、加えて新商品の開発（業種によっては仕入れ）と導入にも力を注がなければならない。

新商品の導入にあたって、ぜひ覚えておいていただきたい、私の手づくりの表現を紹介する。それは、「消費者にとって認識できる有形無形の差別化と、コスト競争力を備えた新商品、または新サービスの流れの提供」という、成功する経営にとっての必須条件である。

いくつかの既存商品が売れるとそのうちに「成功の復讐」の罠にかかってしまう。だからこそ、年にいくつかは新商品が出せるという「流れ（ストリーム）づくり」の体制と能力を整えておく必要があるのだ。

だが、「下手な鉄砲も数撃ちゃ当たる」では意味がない。ただただ数多く新商品を出せばいいというものではない。出した（または出そうと思った）新商品には、実際に使ってくれるお客さまが「うん、これはいい。ひと味違う」と納得してくださる何らかの差別化が必要なのだ。

他社商品や自社の既存商品と比べて何ら差別化のない商品のことを「コモディティ」と呼ぶ。最寄品《もよりひん》であるコモディティに対しては、お客さまのロイヤルティ（愛着）は生まれない。代替可能であり、いつポイと捨てられても文句をつける筋合いはないのだ。そこで値引きに走るが、値引き競争は消耗戦のはじまりなのである。だから差別化にこだわり続ける必要がある。

「既存商品の維持、拡大」と「新商品の開発（仕入れ）発売」の両者の間にバランスをとる、どのようなバランスをとるかということは最終的には、「我が社がいかなる業界、業態に属しているか、我が社の現状はどうか」ということをよく考えたうえでの各論の問題となる。

Don't

してはいけないこと

37【商品開発・市場開拓】

新規開拓に偏りすぎてはならない

一般に新規開拓にはコストがかかる。

あるマーケティングのデータによれば、既存の顧客を維持するための費用と、競合先の顧客をこちらにコンバートするのに要する費用は1：7だという。新規開拓の費用は、既存顧客を維持するための費用の7倍もかかるのである。

したがって、経営資源の有効活用という視点からは、新規顧客獲得よりも既存顧客の維持とリピーター化を優先的に考えるべき、ということになる。

人は概して、新規顧客開拓には熱心だが、既存の顧客、なじみのお客さまを顧みない傾向があるといえる。

人間関係やビジネス関係ができている（と思う）ことが仇《あだ》となって、ついつい狎《な》れてしまいがちになる。慣れることは望ましいが、狎れることは危険なのである。

新規開拓にのみ偏り過ぎ、既存の顧客をないがしろにするような施策は絶対にとってはならない。まさに〝Ｄｏｎ′ｔ〟である。

もうひとつ重要なのが、新規顧客をリピーターにする仕組みづくりである。

一度、我が社の商品・サービスを利用していただいたお客さまには、必ず継続的に商品・サービスを利用していただくようにするための差別化と付加価値をつけるのである。

商品戦略を含め、あらゆる戦略の要諦は優先順位である。

最優先は、新規顧客をリピーターにすること。既存の優先顧客への訪問回数やサービスの質は決して下げないこと。

その次に、新規開拓が続く。

東京の蒲田や東大阪の中小企業は、新規開拓をしなくても大手メーカーが安定的な顧客だった。しかし、大手が海外に生産拠点をシフトすると需要は激減した。国内の既存顧客へのサービスの質を高めても、グローバル化によって顧客を失うこともある。

だからこそ、企業の生き残りのためには新規開拓が必要なのだ。

しかし、「新」にばかりに力を注いで、「既」をないがしろにする企業には将来はないということも忘れてはいけない。

Do○

するべきこと

38 【感性】

空気に爪を立てよ

空気に爪を立てよとは、目に見えないものを心でつかめということである。

人の心は目に見えない。目に見えないものをつかむことも経営者に求められる能力だ。「見る」ではなく「観る」である。心で観ることである。

経営とは人を使って目標を達成する業（ワザ）である。人の心がわかる感性の鋭さを持っていなければ仕事にならない。

私の部下にアメリカでＭＢＡを取得した、いわゆるインテレクチュアルレベルの高い若者がいた。専門的スキル、論理思考、分析能力、それに経営学に関する知識については、確かに一級品であった。そこはおおいに評価できた。ところが、実践的な経営レベルの仕事となると残念ながらまったく使いものにならなかった。一分野の部長職までは務まる能力はあっても、経営を担うには致命的といっていいほどの能力の欠如があったのである。

ビジネススクールでは、論理と数字と分析、それに最新の経営手法は教えてくれるが、人の心は教えない。ビジネススクールで優秀な成績を修めMBAを取得しても人の心がわからない。そもそも経営とは人が行うものである。どんなに論理性に卓越していても、人の心がわからない人は、人をリードすることはできない。管理者としては使えても、経営者としてはモノの役に立たない。繰り返しになるが、経営の中核は論理と数字である。だが、論理と数字を武器として仕事をするのは人である。

人には心がある。したがって人の心に対するセンシティビティ（感性）の希薄な人には経営はできない。顧客満足についても同様である。お客さまの気持ち（心）がわからなければ、顧客満足、ましてや顧客感動など果たせるはずがない。

ニーズ（要求）は市場調査でも把握できる。

しかし、お客さまが潜在的に何を求めているかという「ウォンツ（欲望）」まではわからない。一般にいう市場調査には効用もあるが限界もあるのだ。

氷山にたとえれば、水面上の目に見える氷山がニーズであるが、目に見えない水面下の氷山がウォンツ、すなわち「人の心」、それも表面には出ていない深層心理なのだ。氷山は、水面下の体積のほうが水面上の体積よりもはるかに大きいのである。

顧客の気持を知る感性がなければ、顧客満足を超える顧客感動など実現することができるはずがない。経営者は感性不在という陥穽《かんせい》に陥ってはならないのである。

Don't
してはいけないこと

38
【感性】

アナグマ社長になってはいけない

顧客の気持を知る上で、大事なことは経営者自らがお客さまの生の声を聴くことである。

経営者は、働く時間の少なくとも20％は外に出てお客さまの声を聴く時間に充てなければいけない。社長室にいて社員の報告に耳を傾けることも大事だが、それ以上に重要なのがときどき外に飛び出して、お客さまの生の声を直接聴きに行くことだ。現場に行くことである。

経営者は〝アナグマ〟になってはならない。〝猟犬〟でなければならない。

経営者がお客さまのところに行くときには、営業担当者が同行する。こちらから社長が出向くとなれば、先方も社長、あるいはそれに順ずる責任者が出てくるものだ。

先方の経営者、それに準ずる責任者の話を聞くことは、それはそれでおおいに有意義なことである。しかし、同時に現場にも顔を出し、現場の人の話を聴くことはより有意義だ。

経営者対経営者の話は、やはりそれなりに外交辞令や社交辞令が入ってくるが、現場の人たちは概して率直である。よいものはよい、悪いものは悪いとはっきり教えてくれることが多い。現場まで押しかけるには、先方の理解を得なければならないが、そこは営業担当者の腕の見せどころでもある。

営業担当者としては、悪い話を社長の耳に入れたがらないものだ。そのため経営者は、悪い話が聞けたら、営業担当者をほめるくらいの度量を示すことも大切だ。感性豊かな経営者は現場が不満の声であっても積極的に耳を傾け、そこから大きな啓発を受ける。

ある大手食品メーカーの社長が、就任直後に全国の取扱い店を回った。量販店（大型スーパーなど）の現場の声は、もっと特売品（価格に魅力のある商品）をタイミングよく供給してほしいというものばかりだった。それは自社の営業担当者から聞く報告と同じものであった。

しかし、中型のスーパーではすこし違っていた。お年寄りや単身所帯は、安いからといって物をたくさん買うことはしない。余るだけだからだ。それより一回で使い切れるくらいの量に小分けしてほしいというものだった。

感性の鋭い新社長は、「それだ！」と思った。

同社の小分け商品は、中型スーパー、コンビニを中心に大ヒットした。社長の「感性」は顧客の「歓声」につながったという。

Do○

するべきこと

39

【品質】

最適品質（オプティマム・クオリティ）提供を心がけよ

パソコンの機能やアプリをすべて使っている人は少ないだろう。

パソコンのみならず、携帯でもスマホでも同様で、ITツールは概してオーバースペックなものが多い。最近のパソコンは、機械自体に搭載しているアプリケーションを減らし、必要に応じてクラウドから調達する方式になっているが、まだほとんどのアプリは未使用のままだ。最高の技術は、お客さまにとっては必ずしも最適な技術ではない。

必要に応じてパソコンの機能を選べる、不要な機能は排除するカスタマイズ・パソコンは「ＤＥＬＬ」や「ゲートウェイ」の成長の源だった。「ＤＥＬＬ」や「ゲートウェイ」は、戦略として最高スペックよりも最適スペックの提供を選んだのである。

では、お客さまにとって最適なスペックとはどのようなものだろうか。

ひとつの考え方として、次のマトリックスが参考になろう。

下図右上の◎は、提供する機能がお客さまにとって利用頻度が高く、生産性の向上に対する貢献度も高い。お客さまに喜ばれ、お客さまの業績にもおおいに貢献できる機能だ。

左上の○は、提供する機能が、お客さまにとって生産性は高いが、利用頻度は低い。使いにくいとか、使い慣れている社員が少ないなどの理由で、利用頻度が低い。しかし、使えばお客さまの生産性アップに貢献するため、使い方のレクチャーを用意するなど付帯サービスが伴えば◎にスライドできる機能といえる。

右下の△は、使い慣れているが生産性には貢献しないので、ある意味推奨できない機能だ。

×は論外。お客さまには不向きな機能である。

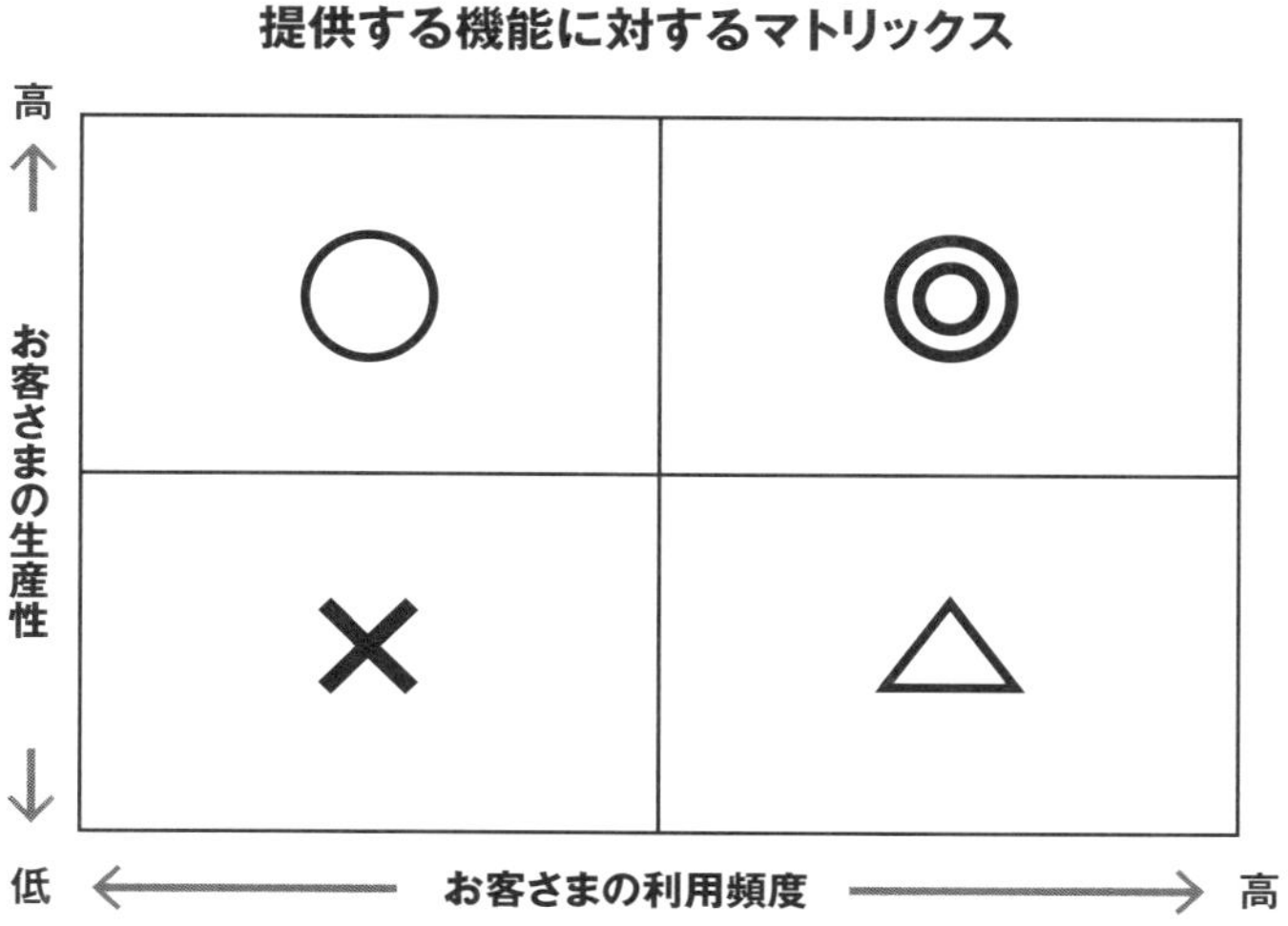

Don't
してはいけないこと

39 【品質】

最高品質（ベストクオリティ）提供にこだわってはならない

多くの日本のエレクトロニクス・カンパニーが、東南アジアで韓国や台湾の企業の後塵を拝している原因のひとつは、「最高品質」に対するこだわりである。

インド、ミャンマー、ベトナムなどで、その国の消費者の求める品質をすこしだけ上回ったレベルが「最適」であり、我が社の技術力を注ぎこんだものが「最高」である。「最高」は必然的にコスト高となる。

そのうえ、その国の消費者が求める品質レベルをはるかに超えている。いわゆるオーバースペックである。コスト、価格も高いため発展途上国の消費者には手が届かない。重要なのは「最高」ではない。あくまで「最適」である。

商品のベストクオリティは、必ずしも消費者にとってのベストサティスファクションではないのだ。１９８０年代のＶＴＲ規格の主導権を争った「ベータ・ＶＨＳ戦争」も「最高」と

「最適」の争いだった。技術的には優れているソニーの規格「ベータマックス」は、その使いやすさと対応するビデオソフトの数でＶＨＳに敗れた。敗因は「最高」技術にこだわって、消費者にとっての「最適」を見落としたことにある。

１９９０年前後のバブル時代、人手不足も背景にあって生産現場の自動化がブームになったことがある。自動倉庫、生産ラインの自動化など、各社が大金を自動化設備に投じた。

しかし、いまも活躍しているのは、工作機械の一部である産業用ロボットくらいなもので、自動化ラインは名残をとどめる程度にときおり目にすることがあるという印象だ。

自動化ラインは24時間休みなく動き続けるように思うが、現実にはちょこちょこ停止する。一ヵ所でも止まるとライン全体が止まるので、メンテナンス要員はそのたびに走り回る。自動倉庫はボタンを押せば必要なものが取り出せるが、現実には人が直接取りに行ったほうが早かったりした。

自動倉庫も自動化ラインも、当時の最高技術の結晶でシステムとしても「最高」だった。しかし、ベストクオリティがベストなリザルトをもたらすとは限らない。必要なのは「最高」の技術とシステムではなく、現場に「最適」の技術とシステムなのである。

一方、「最適」を追求したのが多機能工作機械や産業用ロボットである。生産現場のスペースや作業内容に応じて機能が開発された。多機能工作機械や産業用ロボットは、すべての作業を自動的に行うのではなく、人間の作業の補助的な役割を担っている。

Do○
するべきこと

40【顧客峻《しゅん》別】
顧客満足度・不満足度を測るモノサシを持て

顧客満足を測るモノサシはなんだろうか。

はっきりと数値が出て、わかりやすいのはリピート率だろう。リピート率では何といっても東京ディズニーランド（ＴＤＬ）が模範だ。ＴＤＬは、持続的にリピート率98％という驚異的な数字を上げている。

これはＴＤＬが高い水準の顧客満足を維持していることの証である。その結果、ＴＤＬは、増収増益を続けている。ＴＤＬの驚異のリピート率の背景には、顧客満足を超えた顧客感動があることを指摘しておかなければならない。他のテーマパークと比較しても、ＴＤＬの力は明白だ。ちなみに、最近経営再建が成功したと報じられ黒字化が果たされたハウステンボスの入場者数は（地の利の差はあるが）、ＴＤＬにははるかに及ばない。

一方、クレームの数が少なければ顧客満足が高いと考える人がいる。

クレームは顧客の不満や文句の表明なので、いちいち相手にするのは煩わしい気もするが、それは違う。我が社の商品・サービスに不満を持ったお客さまの大半は何も教えてくれないまま黙って去ってしまうのだ。改善点を教えてくれるクレームは、むしろ天の恵み、天啓《てんけい》である。

クレームの数が少ないのは、クレームを拾う仕組みができていない組織の不備であって、顧客満足の証ではない。顧客満足は、リピーターの率で計るべきなのだ。

しかし、リピーターの出にくい業種もある。

住宅産業はその典型だろう。住宅を一度購入した人は、普通20年~30年は新築をしないためリピート率は低い。だが、プロの住宅の営業担当はお客さまとの関係を大切にする。住宅を購入してくれたお客さまのみならず、相談会に来てくれた人、展示場に来てくれた人にも、ハガキや手紙、ときには訪問して関係をつなぐ。

「いまは新築の予定はないが、新築するときはあなたに頼む」と言われ、実際に五年後に新築の注文をもらった営業社員もいた。関係を保っていたお客さまから、「子どもの家も」と新しいお客さまを紹介してもらうことも多い。

優秀な住宅メーカーの営業社員は、お客さまとの交流を維持しているのである。そこには必然的にリピート客が生まれる。

Don't
してはいけないこと

40【顧客峻別】

顧客の要求を何でもハイハイと聞き入れてはならない

「お客さまは神さまか?」という素朴な疑問がある。素直に「神さまである!」と考えてもよい。だが、神さまであるお客さまの言うことには何でも従うべきか、という疑問も出る。

答えは「NO!」である。正しいビジネスをするうえでは、お客さまの要求でもお断わりしなければならない場合がある。

「できないことを要求されたとき」「社会通念や道義に反する不正なことを要求されたとき」「儲からないことを要求されたとき」である。こういうケースでは、お客さまの要求に対して「NO!」と「レッドカード」を突きつけるべきである。

一般に、お客さまはプロのアドバイスを求めている。お客さまは、実は水面下の心理では常に迷っており、無理なことを言うときには内心プロの適切なアドバイスを求めているのだ。迷っている人の言うことをハイハイと聞いていては、ますます混乱を深めてしまう。

お客さまの心理を察知し、お客さまの要求を少しだけ超えた最適な提案をして、最適なアウトプットを提供することで、お客さまの〝ＷＯＷ（ワオ）〟、つまり顧客感動が生まれる。

やはり住宅営業のプロの話である。

はじめてのマイホームを購入するお客さまは、斬新で個性的な家をつくることを求める傾向がある。しかし、住宅は服や靴と違い、20年も30年も住み続ける。デザイナーズ・ハウスのような家は、そのときにはファッショナブルでかっこいいが、長く住み続けるには適さないものだ。住宅もまた〝不易流行〟が基本となるのである。

お客さまは現在の家のことはわかるが、未来の家には想像が及ばない。しかし、多くの住宅を手がけてきたプロの住宅営業担当者は、10年後、20年後の住宅のことも視界の中にある。

デザイナーズ・ハウスは当初の売れ行きはよいが、3年後にはほとんどの人が飽きてしまうという。長く住める家というのは、落ち着いた設計、色使いが望ましいのだ。

毎日使うトイレや風呂、洗面所、キッチン、リビングなどは長年使うことを前提に考えないと、高額商品だけに、そのときそのときの気分で変えることはできない。

プロの営業はそこをわかりやすく説明する。その結果、お客さまは営業担当者を信用し、顧客満足度も上がるのである。

満足度がさらに上がると、そこには感動が生まれる。

第5章

職場活性化のための「Do's」と「Don'ts」

「人と人との相性のことを英語で“Chemistry（ケミストリー）”という。“よい相性”とは、よい化学反応を起こす関係のことだ。化学反応が起きない、あるいは悪い化学反応しか起きない関係は“悪い相性”である」

Do するべきこと

41【動機付け】社員の〝ワクワク感〟を高めるための正しい3Kの実現を図れ

「正しい3K」とは、カンキョー（環境）、カネ（金）、ココロ（心）の頭文字「K」をそれぞれとったものである。

カンキョー（環境）の第一は、オフィスや工場など、目に見える物理的な環境である。職場という場所が物理的に安全で快適であることは、社員にとってはウェルカムだ。安全も環境の重要な要素である。いわゆる「3S＋A（整理・整頓・清潔＋安全）」のことである。

第二は、人間関係など、眼に見えない環境である。社員の〝ワクワク感〟に与える影響は、物理的な環境よりも人間関係など眼に見えない環境のほうが大きい。

第三は時間環境である。慢性的に残業の続く会社は何かが狂っている。経営者の感覚か、システムか、またはその両方かもしれない。

カネ（金）とは、適正な報酬である。結果を認めて「よくやったね」という気持ちを形にしたものがカネ（金）である。カネとは月給、ボーナス、インセンティブのことで、いわば「認知の見える化」がカネである。カネはモチベーションを高めるひとつの要素であるが、一般的にあまり持続力はない。給料が上がったときはその瞬間はうれしいが、数ヵ月（数週間？）もすればそれが当然となってしまう。だが、カンキョーとカネという2Kの条件がよければ大きな不満は生じない。その意味では、この2つは「不満抑制要因」である。

ココロ（心）とは、仕事に対する誇りや帰属する会社への誇り、仕事の達成感、自己実現感、自分自身の成長を社員が感じているということである。社員のやる気やモチベーションにとって、ココロがカネより大事になるのは言うまでもない。つまり、風通しのよい、やりがいのある仕事ができる職場こそが、活力の生まれる職場なのである。カンキョー（環境）とカネ（金）が不満抑制要因であるのに対して、ココロ（心）は「動機促進の要因」といえる。

「マクレガーのX理論Y理論」というものがある。X理論とは「人は命令されなければ仕事をしない」という人間観であり、それに対しY理論は「人は条件が整えば、自ら進んで責任をとろうとする」という人間観である。条件とは3K、すなわち環境、金、心であるといえる。

ダグラス・マクレガーは、社会のレベルが上がるに従い、Y理論の人間観でなければ効果的なマネージメントはできないと言っている。3Kを備えた職場は、自ずと社員も張り切って仕事をするため、当然業績も上がることになる。

Don't
してはいけないこと

41 【動機付け】

「平成の３Ｈ」を許してはならない

私は、「疲労感・疲弊感《ひへいかん》・閉塞感《へいそくかん》」の頭文字の３つのＨを取って、「平成の３Ｈ」と称している。

疲労感、疲弊感、閉塞感は、肉体的な問題というよりも心の問題である。長年の経験からいえば、日本の大企業の中堅幹部（部長・課長）の80％以上は、程度の差はあるがこの心の病気にかかっている。「やらされ感」を持ってやる仕事と、自ら進んで「やりたい感」を持ってやる仕事では、疲れ方ひとつとっても全く違う。疲労感、疲弊感、閉塞感を破って活力のある職場にするには、いくつか方法がある。仕事の任せ方もそのひとつだ。

若い社員には、仕事の一部分だけを任せる傾向がある。それが物足りなくやりがいを感じない声も聞く。経験の少ない若い社員にも仕事はパーツで与えず、プランニング、仕入れ、製造、マーケティング、流通、販売等に関与させるのである。関与の程度に濃淡はあれど、総合的に関与させることで仕事全体を一貫して見させ、できるだけ多くを任せ経験させるのである。

いわばＰＤＣで仕事をさせることといえる。自分のプランで動き出し、結果についても他人事にせずに自分事として考えさせる。そのうえで、昇り龍のPDCサイクルを回させるのである。すなわち一段上の仕事にチャレンジするチャンスを与えるのである。

業績向上につながる職場をつくるには、職場の風通しをよくすることもひとつの策だ。不安なく、何でも言い合えるような職場を「ラポール（相互信頼）のある職場」という。私は「心の掛け橋」と称しており、そこにはやはり相互の信頼関係がある。

ラポールのある職場をつくるには、これも「隗《かい》よりはじめよ」である。ストロークという心理学の言葉がある。「働きかけ」というような意味だが、まずは経営者からよいストロークを部下に与えるのである。具体的にいえば、ときおりひと言声をかけることだ。なるべく部下を認めたうえでのほめ言葉が望ましいのは言うまでもない。

人というのは、無視されるよりも憎まれるほうがまだマシという動物である。マザー・テレサの言葉には「愛情の反意語は無関心である」というものがある。憎悪ではなく無視なのだ。人は善かれ悪しかれ自分の存在が他人から認められないと不安になる。活力ある職場をつくるために、「仲間だと認めているよ」「存在を認めているよ」「会社のみんなに貢献していると認めているよ」という、いわば認め印を与え、プラスのストロークを心に打ち込む。こうした働きかけがラポール（心の掛け橋）をつくるのである。

反対に、顔を合わせてもあいさつもしないような、認め印のない上司の行為は、職場の活性化を致命的に破壊する。部下を認めない経営者や上司は、部下から信頼するに足る経営者や上司と認められないのである。

Do○

するべきこと

42 【チームワーク】

IよりWeの風土をつくれ

仕事をするときの主語は、「I（私）」より「We（私たち）」がより大事となる。コカ・コーラの中興を担ったロバート・ウッドラフは、仕事を遂行するにあたって大事な言葉のランキングを我々に示してくれた。

ウッドラフの言葉のランキングは、職場を活性化させるためのものである。仕事は個人の力に加えチームで行うものである。これが原理原則だ。

ビジネスは団体戦であって個人戦ではない。

会社のことを英語では〝Company（カンパニー）〟や〝Corporate（コーポレート）〟という。〝Company（カンパニー）〟は「仲間」であり、〝Corporate（コーポレート）〟は〝Cooperate（協力）〟に通じる。

仲間と協力し合って仕事をして、はじめて会社なのである。

「Ｉ（私）」が主語の職場では会社とならない。会社という以上は「Ｗｅ（私たち）」が主語でなければならない。

個人の作業に見える学問の研究も実は団体戦なのである。

先述したように、２０１５年にノーベル賞を受賞した梶《かじ》田《た》隆章《たかあき》氏や、２００２年に同賞を受賞した小《こ》柴《しば》昌俊《まさとし》氏のニュートリノ研究の基盤となったのは、巨大な研究施設である「カミオカンデ」「スーパーカミオカンデ」である。

研究施設の建設には、当然のことながら研究者が深く関与する。

研究者としての時間を研究施設の建設に費やす、そういう巡り合わせの研究者もいるのだ。

そうした縁の下の力持ちがいてこそ、ノーベル賞受賞者が誕生するのである。

コカ・コーラ社中興の祖　ロバート・ウッドラフの言葉

The Most Important Words（もっとも重要な言葉）

6 word　"I admit I made a mistake"（わたしが間違ったことを認めます）

5 word　"You did a good job"（あなたはいい仕事をした）

4 word　"What is your opinion?"（あなたの意見は？）

3 word　"If you please"（どうぞ）

2 word　"Thank you"（ありがとう）

1 word　"We"（われわれは）

The Least Important Word（もっとも重要でない言葉）

"I"（わたしは）

Don't
してはいけないこと

42【チームワーク】

個人主義が幅を利かせすぎてはならない

成果主義が導入されて以来、日本の企業にも個人主義が目立つようになってきた。

この個人主義とは多くの場合、正しい意味での個人の確立ではなく、実態は自己中心主義。自分の目標さえ達成できれば、他のことや周りのことは知ったことではないということだ。個人主義、すなわち「I（私が）」の仕事では、成果はよくても足し算にしかならない。10の力を持つ人が3人いたとしたら、「I（私が）」の人ばかりであれば、10＋10＋10で30にしかならない。一方、「We（私たち）」が主語のチームの仕事であれば、成果は掛け算となる。すなわち、5しか力がない人でも3人いれば、5×5×5で125となるのである。

個人主義の職場よりも、チームワークが機能している職場のほうが強い、より大きな成果を出せることは間違いない。よって誤った個人単位の成果主義は、かえって組織の力を殺《そ》いでしまいかねないのだ。自分さえよければいい。「となりは何をする人ぞ」となってしまう危険をはらんでいる。

では、なぜ「I（私が）」ではダメなのか。

アブラハム・マズローの「欲求5段階説」というものがある。人間の欲求は「生存欲求」「安全欲求」「所属と愛の欲求」「承認と尊敬の欲求」「自己実現欲求」の5段階（晩年これに「自己超越」を加え6段階とした）を踏むというものである。

現代の日本社会では、「生存」「安全」欲求は充たされている。食糧不足で街は犯罪者であふれているような状況ではない。現代人の求めているのは、次の段階である「帰属と愛」であり「承認と尊敬」であり、最終的には「自己実現」（さらには「自己超越」）である。

まずチームに所属すること。そしてチームに承認され、チームから尊敬されることが大事なのである。「自己実現」はその次の段階となる。チームから尊敬されるには、行動が私利だけでなく「利他（他人の利益を考え他人のために働くこと）」がなくてはならないのである。

アブラハム・マズローの欲求5段階説

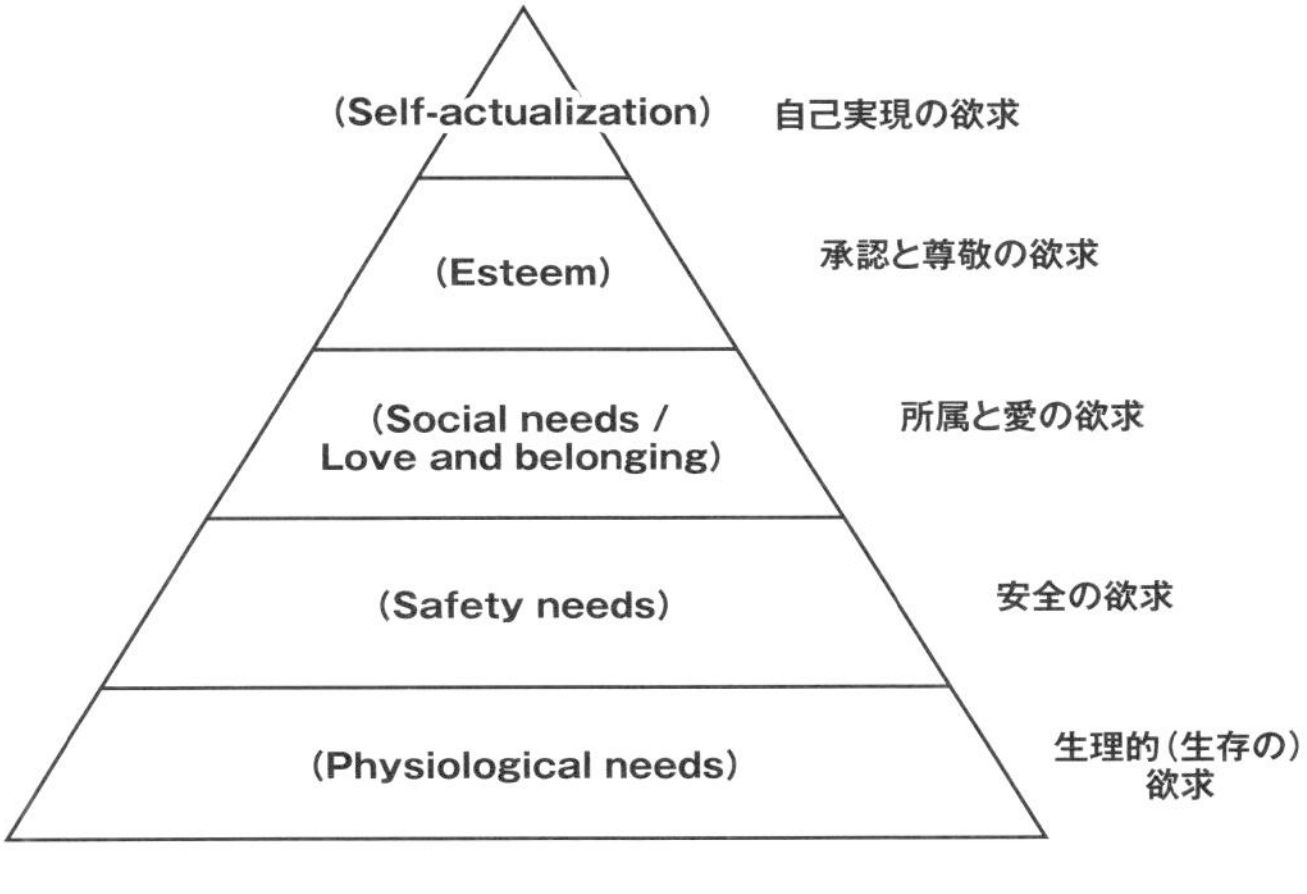

Do○
するべきこと

43【責任】

結果責任(アカウンタビリティ)は自分が負え

2020年東京オリンピックの新国立競技場とエンブレムのやり直し問題は、日本的組織が持つ弊害を改めて世界に発信してしまった。

弊害とは、だれも責任をとらない(JSCの理事長は辞任したが、だれも彼が責任者とは考えていない)、責任の所在があいまいであるということだ。

責任の所在をあやふやにしたままでは、一本筋の通った組織にはならない。みんなでやり、最後は一人が責任を負う。そういう「最後の骨はオレが拾う」という経営者の気迫と覚悟があってこそ、組織によき緊張感が生まれるのだ。

韓国の客船「セウォル号」の沈没事件では、船長が乗客を差し置き、いち早く避難したことが国際的にも無責任ではないかと問題視された。船長が真っ先に逃げ出したのでは、そんな船に乗った船客こそ不幸である。

吉田満《よしだみつる》氏の名作『戦艦大和ノ最期』には、戦艦大和に座乗していた連合艦隊長官の伊藤提督と有賀《ありが》艦長の最期が描かれている。沖縄特攻に出撃した大和は、途中、米軍機の猛攻によって撃沈してしまう。

そのとき両名とも艦と運命を共にするのであるが、特に有賀艦長は、「若い者は泳げ！」と、若い士官に艦とともに死ぬことを許さず、沈みゆく大和の艦橋に立ち続け、兵士たちに向かってにこりと笑ってビスケットを口にしたという。

最高責任者には、いかなる結果となろうとも、最後の責任をとるという仕事がある。

企業組織においてもまた、経営者の気迫のこもった覚悟を感じることで、社員もまたおおいに士気が上がるものである。

「この人のために、是が非でも仕事を成功させよう」というモチベーションは、自分の報酬や出世のためにがんばろうという、「ニンジン」のモチベーションを大きく超える。人は「自分のため」よりも、「だれかのため」のほうががんばりが利くのである。

結果責任（アカウンタビリティ）を負うのは経営者であるが、その覚悟がもたらす効果は組織全体、職場の空気全体に伝染し、結果そのものにも大きく影響を与える。

Don't
してはいけないこと

43【責任】

実行責任（レスポンシビリティ）を負ってはならない

「組織は戦略に従う」。企業の業績を決定づけるのが戦略だ。それゆえ、衆議を尽くしても最後に戦略を決定するのは経営者の仕事である。

一方、戦術はなるべく現場に任せきる。任せる以上、現場にも責任が生じる。それが実行責任（レスポンシビリティ）である。しかし、戦術の誤りが勝敗を決めることはあまり多くはない。戦術の失敗は戦略で補えるからだ。勝敗を決定づけるのは戦略である。したがって経営者には、戦略の結果に対する責任、つまり結果責任（アカウンタビリティ）があるのである。

経営者は結果責任（アカウンタビリティ）は負うが、任せる以上は実行責任（レスポンシビリティ）を負ってはいけない。実行責任を負うということは、現場に任せるべき戦術に不当介入することになるからだ。

トップが現場に介入して大変な失敗につながったのが、小説「八甲田山死の彷徨《ほうこう》」である。

明治時代、日本陸軍の青森歩兵第5連隊は、八甲田山の雪中訓練で210人中199人が死亡という山岳遭難事故を起こした。雪中訓練のねらいは寒冷地での行軍実験である。青森第5連隊の指揮官は神田大尉、現場の責任者である。

青森第5連隊には、神田大尉のほかに、大隊長の山田少佐が特別に随行していた。

行軍の戦術は、事前の予行演習で確認されたものだったが、本番当日は天候が悪化、神田大尉は戦術の変更を余儀なくされた。

大所帯である青森第5連隊は物資を運ぶソリが大幅に遅れたため、このまま行軍を実施すれば、最悪の天候の中で八甲田山を越えなければならなくなる。そのため、指揮官である神田大尉は行軍の中止を考えていた。

しかし、助言という形で、大隊長である山田少佐が介入し行軍の続行を促す。

その結果、青森第5連隊は天候悪化が予想される中を出発、雪の山中で立ち往生することになる。事態はますます悪化し、事態が悪化するとともに山田少佐の発言が増す。ついに事実上の指揮権を山田少佐が奪う形になる。

結局、連隊は最初の露営地の周辺を彷徨するばかりで、徒《いたずら》に体力を消耗し犠牲者を増やしたのである。戦術に関して、現場の現実と現状に疎《うと》いトップが必要以上に口をはさむことは、大きなリスクを伴うという教訓である。

Do○
するべきこと

44 【情報】 悪い知らせ（Bad News）を重視せよ

外資系企業（特にアメリカ企業）では〝Bad News First.（バッドニュース・ファースト）〟というルールがある。上司に知らせるのは悪い知らせ（Bad News）が先で、よい知らせ（Good News）は後回しでよいというものだ。

実際、悪い知らせは急ぎ対応を迫られるものがほとんどである。反対に、よい知らせというのは、いつ聞いてもかまわないものだ。極端な言い方をすれば、よいニュースは知らせなくても構わないくらいである。

なぜなら急を要することは、ほぼ例外なく悪い知らせだからである。悪い知らせこそ、真っ先に知らせるべきなのは明らかなのだが、これがなかなかできない。

経営者は、バッドニュースの価値を認め、バッドニュースこそ大事にすることを基本姿勢にしなければならない。

経営者も人間である。

できればいいニュースばかりを聞いていたい。しかし、耳ざわりのいい知らせばかり聞いていては、正しい状況判断ができなくなる。

なにより悪い知らせは、改善点を教えてくれる貴重な情報なのだ。これを大切にしなければ進歩はストップしてしまう。

品質管理活動では、問題が出てくることをおおいに歓迎するというルールがある。

問題が見つかるというのは、不良品が出たということだが、品質管理活動では、それを否定的には捉えない。問題があることがわかれば、改善すべきこともわかる。

問題が見つかれば見つかるほど、改善点が見つかることとイコールなのだ。

問題点が見つかる、不良が出るということは、品質向上につながる貴重な情報を得たことと同義なのだ。問題を隠ぺいしてしまえば、改善のチャンスは失われ、品質向上は永遠に果たされることがない。

悪いニュースも同様である。

悪いニュースは、経営の品質を上げる重要な生の情報なのである。

Don't
してはいけないこと

44 【情報】悪い知らせ(Bad News)のメッセンジャーを叱ってはならない

"Don't shoot the messenger.(情報の伝え手を撃つな)"

情報の伝え手を撃っては情報が入らなくなる。そんなことをすれば、自分で自分の首を絞めることになると戒めているのである。

なぜなら、悪いニュースの伝え手を撃ってしまえば、以後、悪いニュースは入らなくなるからだ。悪い知らせこそ、率先して入ってくるような仕組みをつくることも、経営者が心がけることである。

悪い知らせはまず現場に入る。

しかし、担当者としては上に報告する前に、事態をよく把握してからとか、あるいは何らかの対策を打ってから知らせようとすることがある。やはり悪い知らせは自身の面目に関わるからである。やはり、ひとつ下手をすると自分の失点につながる。だからこそ、なるべく隠しておきたいという誘惑にかられる。だが、それでは手遅れになってしまうのだ。

事態を深刻化させないためにも、バッドニュース・ファースト、悪い知らせほど率先して知らせる仕組みと習慣をつくらなければならないのである。

そのためには、経営者の日常の態度が大きく影響する。

往々にして、ワンマン社長の耳にはよい知らせしか入ってこない。悪い知らせを持っていくと、とたんに機嫌が悪くなるからだ。

社員もできるだけ叱られたくないため、勢い悪い知らせは後回し、ひどいときには握りつぶして、いい知らせばかりを耳に入れる。

このような悪しき仕組みが、組織にでき上がってしまっては致命傷だ。経営者に正しい情報が入らずに、正しい経営などできるはずがない。

ワンマン経営の会社が危うくなるのは、イエスマンばかりで周囲を固め、イエスマンが社長のよろこぶ情報しか上げなくなるからである。

中国古代の兵法書『孫子』でも、「敵の情を知らざるものは不仁の至りなり（将としてまったくダメ）」と「用間篇」で情報の重要さを強く説いている。

バッドニュースのメッセンジャーを叱るようでは、社員は悪い知らせを上げることに二の足を踏むことになる。経営者は悪い知らせにも狼狽《ろうばい》せず、激昂《げきこう》せず、よく知らせてくれたと一声ほめるくらいの余裕を見せることが大事なのだ。

Do○
するべきこと

45
【自己主張】

スピーク・アウト(Speak Out)の習慣を育てよ

「インド人を黙らせることができて日本人にしゃべらせることができたら、その国際会議は成功だ」という国際ジョークがある。それほど、国際社会では「日本人はしゃべらない」というイメージがある。

英語の〝Speak Out〟とは「自由に、率直に話す。前向きに話す」という意味だが、民間でもお役所でもおよそ日本の組織で最も欠けているのが、この〝Speak Out〟の習慣だろう。周囲を気にして話せない、物言えぬ空気が支配するような組織では、到底、未来などないと思ったほうがよい。

では、どうすれば物言える組織になるのだろうか。

空気を入れ替えることである。物言えぬ空気から、物言える空気に入れ替えることだ。それができるのは経営者しかいない。

私は、まずものを言う機会をつくることからはじめた。この後220ページの「議論」のところですこし詳しく述べているが、毎月、定期的に全員が自由に発言する機会をつくったのである。社員全員に〝Speak Out〟のチャンスをつくったのだ。

もうひとつは、相手がだれであれ、社長自ら相手の話を積極的に聴くことに努めた。聞く（Hear）ではなく「聴く（Listen）」である。耳＋目、そして心で聴くのである（聴くという文字を分解するとそうなる。目は横になっているが）。

聴く態度も大事だ。関心を持って聴いているということを態度で示すのである。まとめると次のようになる。

1. 真摯な態度で聴くこと　―ときおり身を乗り出す、うなずく、笑顔で話をうながす、きょろきょろしない、など。
2. 適度に相づちを打つ　―「なるほど」「そうか」「面白い意見だね」など、相づちを打って話しやすくする。
3. 訊く　―「聴く」と同時に「訊く」を行う。相手の意見を求める。
4. 相手の話を途中でさえぎらない　―ある意味当然のことといえる。

賛同できない意見であっても、「面白い意見だね」「そういう考えもあるのか」と、いったん受け入れる態度も非常に大切なのである。

Don't

してはいけないこと

45【自己主張】

「○○のくせに」をクセにしてはならない

会社のため、仕事のためであれば、どんな立場の人であれ、遠慮せずにものが言えるという習慣を、経営者は「許容」しなくてはならない。

「許容」にとどまらず、積極的に「助長」「奨励」しなければならないのだ。

ある部長研修で終了後の懇親会に出ていたとき、参加者からこう言われたことがある。

「うちの社長も常に率直にものを言えと言っている。それで、私が社長室で居並ぶ役員たちを前にして、率直に〝Speak Out〟してものを言ったら、〝お前は部長のくせに生意気だ。即刻〝Out（この部屋から出て行け）〟と怒られました」

そこで私は「スピーク・アウトでは出て行かなければならないので、ものを言ったら昇格するという意味で、スピーク・アップということにしてはどうか」と切り返した。

「スピーク・アウト」の習慣を助長するに際しては、経営者の責任は重い。若い社員が率直に発言するとにらまれるような古色蒼然《こしょくそうぜん》とした職場の風土では、やはり「物言えば唇寒し秋の風」となり、だれもものを言わなくなる。

「女性のくせに大事な話に首を突っ込んでくるな」というような発言や、「課長のくせによけいな口出しをするな」「新人のくせに生意気を言うな」的なパワハラもどきの発言が日常的に飛び交うような、ろくにものも言えぬ会社は潰れる会社となる資格十分である。

ダイバーシティ（多様化）で、活用が叫ばれているのが女性と老人（高齢者）と外国人である。私は、これを「ジョローガイ」と呼んでいる。

日本企業は、これまでのような男性ばかりの画一的な組織を望んではいけない。異なる立場の人たちの自己主張（スピーク・アウト）を上手に受け入れるしなやかさが求められている。

そのためには、職場は「○○○のくせに」をクセにしてはいけない。職場の口グセは、とことんポジティブであることが基本である。

もし、「○○○のくせに」と言いそうになったら、「ならではの」と言い換えてみることだ。「女性のくせに」は「女性ならではの」意見となる。これなら女性蔑視《べっし》ではなく、女性をリスペクトして一目置いている印象だ。言葉ひとつで職場の雰囲気は、大きく変わるのだ。

Do○
するべきこと

46 【直接対話】
F2FとH2Hのコミュニケーションを図れ

「コミュニケーション10ヵ条」（157ページ）にあるとおり、コミュニケーションはF2F（フェイス・トゥ・フェイス＝お互いの顔と顔を合わせる）とH2H（ハート・トゥ・ハート＝心と心が通じ合う）が基本であり、本質である。

F2Fのコミュニケーションにより、相手の表情や声音《こわね》、態度を見て話ができる。人の真意や心理は、言葉よりも表情や物腰・態度に表れることが多い。そこから相手の気持ちを察し、H2H、すなわち心と心の通じ合ったコミュニケーションにつなげることが可能となる。F2FなしにH2Hへ飛躍することはない。

「人を見て法を説け」というが、これもコミュニケーションの技術である。人は自分に理解できない話をされるのを嫌う。「人を見る」ことができない人間は、何を話しても相手に通じないばかりか、場合によっては怒らせてしまうこともある。

バブル経済の頃に、ある金融機関の担当者が、中堅企業のオーナーに投資の話を持って行った。このとき、担当者は普段使っているカタカナ言葉で説明した。すると、オーナーの顔つきはみるみる変わり、説明資料を担当者に投げつけ「帰れ！」と怒鳴ったという。

昭和初期に生まれ、たたき上げで会社をつくったオーナーは、自分に理解できないカタカナ言葉を「聞き手」の自分に対して配慮もなく使ってくる、その担当者が許せなかったのである。F2Fであっても、相手の気持ちを察する感度に欠けるようではH2Hは成立しない。

一例として、私はたとえば講演するときでも、相手によって話し方を変えている。

外国人（西欧人）を相手の講演では、当然ながら英語で話し、特に論理性とときおりのジョークを重視する。日本の一部上場企業のトップが相手のときは、適度に英語を交えて話す。中小企業のトップを相手に講演をするときには、英語は基本的に使わない。英語でしか表現できない言葉は、なるべく近い意味の日本語に置き換えている。また、高齢の人を相手にするときと、若者を対象にした場合でも話す言葉づかいや話し方を変える。

話の組み立てと同時に、こちらの気持を相手に伝えるために必要なのがアイ・コンタクトである。アメリカ人は、相手の目を見て話さない人は信用しない。目は口ほどにモノを言う。言葉に気持を込めて、相手に伝えるためには、「目に物を言わす」ことが重要なのだ。

ちなみにプレゼンテーションをする際の成功要因は4つある。

第1が話の内容（コンテンツ）、第2が話し方やジェスチャー（デリバリー）、第3は情熱（パッション＝相手に伝えたいという強い想い）、そして最後は人格・人間性（パーソナリティ）である。私はコミュニケーションの最大の決め手は人間性であると考えている。

Don't
してはいけないこと

46【直接対話】

Eメールに頼りすぎてはいけない

ＩＴツールにより、一度に多くの人とコミュニケーションがとれるようになった。フェイスブックに代表されるＳＮＳ（ソーシャル・ネットワーク・システム）は、いつでもどこでも、だれとでも連絡をとり合うことができる便利な道具である。

朝、出社すると同僚から朝のあいさつのメールが届く、あるいは自分から朝のあいさつのメールを送る人がいると聞く。

だが、繰り返すが真のコミュニケーションはＦ２Ｆであり、Ｈ２Ｈでなければならない。ＳＮＳも、Ｅメールも、あくまでＦ２Ｆ・Ｈ２Ｈを補助する手段である。たとえば、Ｆ２Ｆ・Ｈ２Ｈが物理的、時間的に困難な場合など、あるいはひと言お礼の言葉を送るときなどに使うツールといえる。

ライブ、すなわち生の相手と直接触れ合う機会が、お互いのコミュニケーションを深める最善の方法だ。

グローバル企業では、年に何回か世界中から幹部を本社に集め会議を開く。時間と費用をかけて集まるということは、それなりの効果があるからだ。映像と音声で済むのなら、だれもライブコンサートへなど足を運ばないだろう。

相手のところまで行くのは面倒、メールのやりとりで十分と考える人がいる。しかし、メールのやりとりだけのコミュニケーションは、必ずどちらか（または双方）に不備が生じる。


アポロ13号は、宇宙で突然事故に襲われた。酸素タンクが爆発したのだ。

飛行士を無事地上に戻すべく、NASAの地上スタッフと飛行士たちの共同作業がはじまった。コミュニケーション手段は通信だけである。NASAは地上にアポロ13号と同じ設備、同じ備品を用意し、何をどうするのかを伝えようとした。

NASAの地上スタッフは、船内にあるボール紙やビニール袋を貼り合わせて作る「二酸化炭素除去のための即席フィルター」づくりのやり方を、まず自分たちで同じものをつくり、その手順を通信で伝えた。

地上と宇宙のクルーは、お互いに上手く伝わらない苛立ちと不安を乗り越え、無事に地球へ生還したが、それでも正しく伝えわらなかったことはいくつもあったという。

NASAの地上スタッフは、行けるものなら宇宙へ行ってF2Fのコミュニケーションをしたかったに違いない。

Do○
するべきこと

47
【議論】

議論の場づくりを心がけよ

議論を交わすことは、お互いのものの考えかたや判断の仕方に大きな影響を与える。議論は効果的な教育の場でもある。しかし、誤った議論の場では教育効果は明確でない。教育になり「共育」にもなる議論の場づくりが大切なのである。

私は、フィリップスの副社長を務めていたとき、全社員を対象にした「話そう会」というフリートークの場をつくった。実は、こういうフリートークの場をつくることは、日本コカ・コーラ時代からやっていたことでもある。

目的は、「スピーク・アウト（自由にものを言う）」の習慣と気風を社内につくるためと、その結果としての「もの言う個人と、その塊《かたまり》としてのもの言う集団」をつくるためである。

毎月2回程度、各回2時間ほどのミーティングを行い、6人から多くても10人単位のグループごとに共通のテーマ（テーマは顧客満足でも仕事の改善でも、仕事や職場に関する前向きなことなら何でも可）で自由に話し合う。場合によっては、私のほうから参加者に問題意識を持ってほしいテーマを提供することもあった。

「話そう会」のルールは次の5つである。
1．参加者全員が一人最低2回は発言（スピーク・アウト）2．他人の考えを否定しない。とりあえず受けとめる　3．反論や異論を挟むときは、必ず「こう考えたほうがいいのでは？」「こうしたほうがベターなのでは？」という前向きな代替案を述べる　4．ムダ口OK、ジョーク歓迎　5．上司は「8聴き2しゃべり」
「話そう会」では、上司は聴き役に徹する。教育効果があるといっても、上司の独演会やお説教の場にしてはならない。かえって逆効果となり、部下はものを言わなくなる。


大事なのは参加者同士が意見を交換し合い、お互いに自ら気づきを促《うなが》すことにある。気づきは成長の触媒である。

そのための上司の心得が「8聴き2しゃべり」である。上司がしゃべるのは多くても2割まで、8割以上は聴き役となる。

「聞く」でなく「聴く」。聞くは門の中に入って耳だけで聞いているが、聴くは耳と心と目で聴いている。積極的に傾聴する（Active Listening）ことを「聴く」という。Hear（聞く）ではなくListen（聴く）である。「聞く」は門の中にとじこもって、耳だけで聞いている。対して「聴く」は耳と目と心で聴いているのだ。

上司が積極的に傾聴することで、部下ははじめて〝Speak Out〟をはじめるのである。

Don't
してはいけないこと

47【議論】

〝雑談〟を禁止してはならない

荘子《そうし》の言葉に「無用の用」というのがある。

一見ムダに見えるものにも、それなりの効用があるというものだ。荘子はムダなものを否定する人物に対し「君が歩くためには、君の足を置くところにだけ地面があればいい。それ以外は、この大地すべてがムダということになる」と言って「無用の用」を説いた。

雑談、ムダ話にも効用がある。

また、くどい話にも功徳《くどく》があるものだ。雑談、ムダ話は相手の気心を知るのに役立つ人間関係の潤滑油である。

会議・ミーティングには、通常、テーマがある。

テーマから脱線すれば、それらの話はすべてムダ話、雑談だが、一見ムダに見えるような部下のムダ話に「それは面白い話だね」とおおいに興味を示すのが、議論を活発化させる上司のテクニックでもある。

ムダ話こそ〝Speak Out（自由に物言う）〟習慣をつけるチャンスなのだ。

本田技研では、テーマを定めずに話し合うことを「ワイガヤ」と言った。ワイワイガヤガヤやっているからワイガヤである。ワイガヤはホンダの技術開発の原点といわれる。自由な発想は自由な議論、つまり「雑談」「ムダ話」から生まれるものなのだ。

ワイガヤも「話そう会」もイエスから入ることが基本である。イエスも、相手の異論・反論を受け入れる〝Agree to Disagree.（不同意に同意する）〟の言い換えのひとつである。

雑談、ムダ話ＯＫの自由な議論は、ＦＵＮな職場を生む。

ＦＵＮとは楽しむということだ。ジョンソン・エンド・ジョンソン総本社の会長だったジェームズ・バークは「アタラシ君、いい仕事をするためには、すべからくＦＵＮでなければならない」とよく言っていた。

ＦＵＮな会社には、自ずと会社のＦＡＮ（ファン）が増える。

ＦＵＮな社員にもファン（お客さま）が付く。職場の風土がＦＵＮでなくて、どうしてＦＵＮな社員が育つだろうか。ＦＵＮな人財を育てるためには、自由な議論の場を社内に創ることが大切なのである。

Do ○ するべきこと

48 【リテンション】

よい社員は引き留めよ

新卒社員の3年以内の離職率が高い。特に大卒の場合は、3年以内に3割が辞めるという。

辞める理由は、「入社してみたら思っていた仕事と違う」「月給やボーナスの条件が違う」「見習い仕事しかやらせてもらえない」などだという。企業にとっては、高いコストをかけて採用した「人財の卵」である。途中で辞められるのは歓迎できる話ではない。しかし、「やりがいが感じられないので辞める」という若い人が多いのは、職場にも問題があるように思う。

若い社員を引き留めるには、ここにいれば自分は成長できると思える職場でなければならない。「ビジネスマンとしての自分の市場価値」を高める自己成長を実現できるチャンスのある職場であれば、3年などという短期間には辞めないものだ。意欲はあるが仕事力はない新卒社員の市場価値を上げるとは、すなわち「人材」を「人財」にシフトさせることに他ならない。

仕事力をつけるには、教育訓練と経験が必要だ。経験とは修羅場を経験し実績を上げさせることである。修羅場とは、困難な仕事を任せるということだ。日本企業は、新卒社員には補助的な仕事や仕事全体の一部分しか担当させないことが多い。

万事に未熟な新人に仕事を任せるのは、企業にとって勇気が要ることで、大事に育てようとすれば、つい安全な道を歩かせようと考えるのが（あまり好ましくない）親心というものだ。

一方、多くの外資系では新卒でも仕事全体を見させる。知識・経験に乏しい新人に仕事全体を見させるのは不安だが、修羅場を経験させることは学習のチャンスを与えることでもある。

もうひとつ外資系の特徴は、最も期待したいと考えている新人は、その職場で最も優秀な上司の下につけるという点だ。上司の職務は、業績を上げることと人を育てることである。いずれかだけ優秀という人間では、優秀な上司とは認められない。

優秀な上司の下にいる新人が、途中で潰れることは少ない。新卒社員は、身近なロールモデル（生きたお手本＝ここでは直属の上司）や先輩を見習いながら、修羅場（仕事を全体的に把握し結果を出す）を経験していくのだ。

日本でも外国でも、人を引き留める魅力のある職場とは、自分が「人材」から「人財」へ成長するチャンスが多くある職場なのである。

〝Growing with the Company.〟という表現がある。会社の成長と自分の成長が一致するような会社には社員が魅力を感じるものだ。社員を「使い捨て」的に扱う会社に長く留まりたいと思う人はいない。

〝In order to attract attractive people ,we must be attractive.（魅力的に人を惹きつけるためには、我々（会社）が魅力的でなければならない）〟という。

Don't
してはいけないこと

48
【リテンション】

辞めたい社員を引き留めてはならない

いくら職場に魅力があっても、やはり辞める社員はいるものだ。社員に辞められては困るが、次の3つのケースでは、辞める社員を無理に引き留めてはならない。1．定年退職、任期満了に伴う退職、2．（理解できる）家庭の事情、3．辞める理由がカネというケースだ。

1．これについては、組織のルールである以上引き留めることはできない。定年延長や嘱託、顧問などの施策はあるが、本人の意思を優先させざるを得ないし、させるべきである。

2．これは実家の都合で家業を継ぐ、父親の経営している会社を継ぐ、結婚で配偶者とともに転勤するなどが理由である。このケースでは、励ましや祝福とともに送り出すべきだ。

3．この場合は、現在の報酬に対して不満があり、より高額の報酬を求めて他社へ移るというケース。カネが優先順位の一位という価値観の人間は、ココロよりカネが大切であり、仮にいったん引き留めて処遇を改めたとしても、必ずまたカネが理由で辞めると言い出す。よって一度辞めたいと言ってきた際には、引き留めずさっさと退職してもらったほうがよい。

カネが理由ではないが、なんとなく外の芝生が美しいから辞めるという社員には、私はまず自分の市場価値を上げてから辞めろと忠告していた。

自分の市場価値には、自己評価価値と社会的評価価値の二種類がある。そこで重要になるのが、自己評価と社会的評価のバランスだ。

自己評価価値＞社会的評価価値　であれば辞めるのは得策ではない。辞める資格がない。
自己評価価値＝社会的評価価値　でも辞めないほうがいい。
自己評価価値＜社会的評価価値　であれば、外に出ても生き残れる見通しがあるので辞めてもいいと告げていた。

また、まれであるが、一度辞めた後にリエントリー（復帰）してくる社員がいる。私は、リエントリーしてくる社員が使える人間であれば再雇用することにしていた。

理由は2つある。いったん外に出た社員は、社内にいては経験できない新しいことを経験している。それだけ力がつき、視野が広がっているはずだ。

また、一度辞めて再び入社したいということは、外に出て、我が社のよさを再認識したということである。したがって、今度は長続きできるはずであり、他の社員に対しよい影響が期待できるものだ。実際のところ、リエントリー（再雇用）した人で、また辞めたというケースは経験したことがない。

Do〇 するべきこと

49 【多様化】

イワシの中にナマズを入れろ

日本食の代表のひとつである天ぷらは、安土桃山時代にキリスト教の宣教師によってその原形が伝えられ、日本的に発展して今日の形となった。

新しい文化は、異文化との出会いによって生まれる。ジーンズファッションは戦後にアメリカから日本に入ってきた文化だが、アメリカから製品を輸入していたものが、日本のメーカーによって製造されるようになり、いまや本家アメリカに輸出している日本のジーンズメーカーもある。

異文化との出合いは、新しいビジネスチャンスを生む。〝Diversity（ダイバーシティ＝多様性）〟とは、女性の活用や外国人の採用だけのことではない。企業に活を入れて新たなチャンスを創るのがダイバーシティである。

多様化は組織に刺激を与える。新しい意欲を促す。

「ノルウェーのイワシ漁師」の話を聞いたことがあるだろうか。

ノルウェーの漁師の悩みは、漁場で獲れたイワシが港に着くまでにあらかた死んでしまうことだった。死んでしまうとイワシの商品価値が下がる。なんとか生きているうちにと、港に急いで戻ろうとするが間に合わない。

ところがある漁師の獲ったイワシだけは、港に着いてもぴちぴちと新鮮なままだった。漁師仲間たちは不思議に思い、そっと調べてみると彼の船の生簀《いけす》には、イワシの中に一匹のナマズが混ざっていたという。

イワシの集団は一匹の異端者（ナマズ）の存在に緊張し、生き残るための回路にスイッチが入り一時的に生命力が上がったのである。他の漁師の生簀に入れられたイワシ達は緊張の必要がないため、生き延びなければというスイッチが入らない。

同質の者ばかりの集団は、居心地はよいが緊張感や活力は生まれないものだ。

異質、異端を組織に取り入れることで、組織は活性化されダイナミズムが生まれる。

組織が硬直化していては、有能な人財は育たない。経営者は我が社をイワシの集団にしてはならないのだ。

多様性とは「ナマズの取り込み」ということである。

Don't
してはいけないこと

49 【多様化】

“変わった人”を排除してはならない

かつてある大手自動車会社の人事担当役員の方にお会いした際に、こういう質問をしたことがある。

「御社の社員の特徴は何ですか？」

すると役員氏はすこし苦笑いを浮かべながら、「みんな金太郎飴です」と答えた。「金太郎飴」とは、どこを切っても同じ顔が出てくる金太郎飴のように、どの社員も似たような考え方をして、同じような行動をする、没個性《ぼっこせい》の持ち主ばかりということだ。

こういう組織はジンザイにばらつきがないので、経営者としては安心して見ていられるという利点もある。最低の品質保証は担保されている。

しかし、視点を変えて見ると、ちまちました同じ思考回路の集団では、ダイナミックな発想や行動は期待できないともいえる。同質の集団というものは、何かあったときには倒れるのもいっせいに倒れてしまうものだ。

生物を見ても、多様化も進化もしていない種は、絶滅の運命を辿る。

多様なジンザイを抱えることは企業の生き残りにとっても有益なことなのだ。この自動車会社の人事担当役員は、それをわかっていたので、やや自虐的に自社の社員のことを「金太郎飴」と表現したのだろう。


組織の中の異端者は、排除してはならない。

異端者とは、〝ちょっと変わったエッジ（とんがり）の利いた人〟である。日本の組織というのは、同質の人間で構成したがる傾向がある。これを古くから「村社会」と呼んでいる。村社会では変わったことをするのを嫌う。いわゆる「村八分」に遭うからだ。


異端者、変わった人を排除せず、その能力を伸ばす組織とするにはどうすればよいか。

解決策は、やはり変わった人や少数者（マイノリティ）の取り込みである。

一般的に表現すれば、多様化の促進である。

多様化の中核は〝ジョローガイ〟である。女性の採用・雇用・活用、老人（高齢者）の活用、外国人の採用・活用という〝ジョローガイ〟である。

この3匹のナマズをイワシの集団に取り込むことによって、組織は目に見えて活性化する。

Do○

するべきこと

50 【会議】

正しい会議を正しく行え

会議品質で最も大事なことは、そもそも「この会議は何のためにやるのか」である。

情報交換（伝達・アイデア出しを含む）のためか、指示・命令のためか、決定のためかをまず明確にしなければならない。会議とはこの3つか、これらの組み合わせである。

ここを不明確にしたままで会議をやっても、会議の生産性は上がらない。会議は正しいやり方で正しくやらなければならないのだ。

会議品質を上げるために、次ページに「会議品質評価表」を掲げた。

年に何回かは、経営者と幹部がいっしょになり、この評価表を参考にして我が社にふさわしい評価表を作成したうえで、会議品質をチェックしてみることをおすすめしたい。

1から10の項目について5段階でどのレベルか、経営者と幹部で評価するのである。満足できないレベルの項目については、改善案を策定し、その改善案を実行した結果を、またチェックすることを繰り返す。

会議品質評価表

会議名（　　　　　　　　　　　　　　）　　　　月　　日

評価項目	5＝極めて満足 1＝極めて不満足
1.　会議の目的が事前に全参加者に明確に知らされていたか?	「1－2－3－4－5」
2.　全員が事前準備（意見･資料等）を十分に行った上で出席したか?	「1－2－3－4－5」
3.　会議の時間は開始、終了共予定通りにマネージできたか? 長さは妥当だったか?	「1－2－3－4－5」
4.　遅刻者、中途退席者はいなかったか?	「1－2－3－4－5」
5.　出席者の数と質（専門分野、職位等）は会議の趣旨と目的に沿ったものだったか?	「1－2－3－4－5」
6.　全員が“Speak Out”をして、会議の付加価値を高めることに貢献したか?	「1－2－3－4－5」
7.　会議後の議事録（ミニッツ）とフォローアップ･アクションプランが24時間以内に作成され、会議参加者及び関連者と共有されたか?	「1－2－3－4－5」
8.　会議の生産性を高めるための資料･機材の準備はできていたか? それらは適切に活用されたか?	「1－2－3－4－5」
9.　会議の本来の目的は達成されたか?	「1－2－3－4－5」
10.　この会議は“本当に”必要だったか?	「1－2－3－4－5」
	合計点

改善案

“我が社の「会議」の品質を高めるための具体的改善案”

Don't
してはいけないこと

50【会議】
"怪議"を行ってはならない

「ダメな会社の3K」というものがある。3Kとはキツイ・キタナイ・キケンではないし、交通費・交際費・広告宣伝費（研究開発費を加えると4Kになる）でもない。

私の言う3Kとは、紙（書類）、会議、コミッティー（委員会・タスクフォース等）である。組織が大きくなると、この3つのKが必要以上に膨大となる。冗談ではなく、会議を減らすための会議が必要になるほどだ。

ある情報系の会社では、「女性が働きやすい職場」を年度の方針に取り入れた。

まず調査をしてみると、女性の平均残業時間が月80時間を超えていた。これではとても女性の働きやすい職場などとはいえない。

そこで経営者は、残業時間を半減させるために、何を改善すればよいか再度調査させた。その結果、同社では重複するテーマの会議・ミーティング時間が多いことがわかった。そこで、ばらばらにやっていた同じテーマの会議・ミーティングを統合し、そもそも不必要と判断された会議・ミーティングを廃止した。

その結果、会議・ミーティングの数は3割減り、残業時間は半減し、生産性は2割上がった。目的不明の怪しい会議、〝怪議〟を減らすことは、社員にも会社にもよい結果をもたらすのだ。前ページの「会議品質評価表」はそのためのツールでもある。

「会議は踊る、されど進まず」といわれたのは、1814年のウィーン会議である。ナポレオン戦争後のヨーロッパの安定を話し合う会議だったが、会議はフランスのタレーランが唱えた正統主義の理念とは裏腹に、各国の領土の拡張の野望が衝突し、話し合いははかどらなかった。毎回、話し合いの後に舞踏会が開かれていたため「会議は踊る、されど進まず」となったのである。

日本でも、織田信長亡き後の統治と後継者選びをめぐって延々と行われた会議がある。世に言う清洲会議である。この清洲会議も諸将の領土拡張の思惑が先行し、会議は遅々として進まなかった。いずれもテーマを「所領の再分割」とすれば、結果はどうあれ会議は進んだに違いない。会議の目的と話し合いの実態が異なるというのも、まさに〝怪議〟である。

会議の数が無闇やたらに多い会社に対しては「果たしてこれでいいのか？」と〝懐疑的〟にならざるを得ない。

おわりに

冒頭にも述べたが、この本を貫く私のこだわりは、「原理原則」と「バランス」である。

物事には原理原則というものがある。そして原理原則の根本は、中国5000年の歴史が生んだ「陰陽」にあると私は教えている。陰陽とは、互いに対立する性格を持った2つの概念で、例えば、夏は陽、冬は陰、強は陽、弱は陰という考え方である。

あれをしなさい、これをやりなさいという「するべきこと＝Ｄｏ」を書いた陽の本はそれなりに経営者の役に立つ。だが、住友の経営理念「浮利を追わず」のように、「してはいけないこと＝Ｄｏｎ´ｔ」をきちんと理解することは、ときに陽以上の重みを持つ。

ピーター・Ｆ・ドラッカーは、「強みを伸ばし弱みを除くこと」（Accentuate the positive. Eliminate the negative.）が経営の要諦《ようてい》であると喝破《かっぱ》している。「強味」は陽で、「弱み」は陰ということである。

「するべきこと＝Ｄｏ」をやらなければ、人も企業も伸び得ない。一方、「してはいけないこと＝Ｄｏｎ´ｔ」をすれば多くの場合、致命的な失敗の原因となり、ひいては破綻を招く。

「するべきこと＝Ｄｏ」が経営を成功へ導くためのロードマップであるならば、「してはいけないこと＝Ｄｏｎ´ｔ」は避けて通るべき危険地帯を示したハザード・マップといえる。

歴史をながめてみると、「するべきこと＝Ｄｏ」と「してはいけないこと＝Ｄｏｎ´ｔ」の両方を書物に残した人は少なくない。

剣豪・宮本武蔵もその一人である。武蔵は『五輪書』で何をするべきかを著し、『独行道《どっこうどう》』で何をしてはいけないかを説いている。何をするべきかと、何をしてはいけないかは表裏一体の陰陽なのである。「経営とはバランスの妙」といってもよいだろう。

本書で説く「するべきこと＝Ｄｏ」と「してはいけないこと＝Ｄｏｎ´ｔ」は、私の40年以上に及ぶ経営者体験から学んだ集大成である。

人が人生で得た知識や知見は、後世に伝わることで永遠に生きる。企業の平均寿命はわずか18年、人間（日本人）の平均寿命は84歳だが、原理原則には寿命はない。

本書は、一人の（伝説の？）経営者が、多くの経営者や次代のリーダーへ「ぜひこれだけは伝えたい！」という思いを込めて書いた経営の原理原則書である。

本書に記した「するべきこと＝Ｄｏ」を積極的に実践し、「してはいけないこと＝Ｄｏｎ´ｔ」を避けて、御社の成長・発展の一助としてお役に立てていただきたい。

そこで最後に51番目の「Ｄｏ」と「Ｄｏｎ´ｔ」を加える。「Ｄｏ」は「この本を最後まで読んで、納得のいった点をいくつか実行に移すこと」、そして「Ｄｏｎ´ｔ」は「それを一度実行したら、途中で投げ出したり〝参考〟だけに終わらせないこと」である。

【著者紹介】

新　将命（あたらし　まさみ）

株式会社国際ビジネスブレイン代表取締役社長。

1936年東京生まれ。早稲田大学卒。シェル石油、日本コカ・コーラ、ジョンソン・エンド・ジョンソン、フィリップスなどグローバル・エクセレント・カンパニー6社で社長職を3社、副社長職を1社経験。2003年から2011年3月まで住友商事株式会社のアドバイザリー・ボード・メンバー。

2014年7月より株式会社ティーガイアの非常勤取締役を務める。

現在は長年培ってきた豊富な経験と実績をベースに、国内外で「リーダー人材育成」を使命にあらゆる活動に取り組んでいる、まさに「伝説の外資系トップ」と称される日本のビジネスリーダー。

実質的内容の希薄な虚論や空論とは異なり、実際に役に立つ“実論”の提唱を主軸とした独特の経営論やリーダーシップ論は、国内外のビジネスパーソンから圧倒的な支持を得ている。また、自身の経験に基づいた独特の語り口とその濃密で奥深い内容は、経営幹部層や次世代のリーダーの間で絶大な信頼と人気を誇っている。

主な著書に『信じる力』（東洋経済新報社）、『経営の教科書』『伝説の外資系トップが説く　リーダーの教科書』『経営の処方箋 社長の悩みに効く67のアドバイス』（いずれもダイヤモンド社）などがあり、その他経営やリーダーシップに関する著書は多岐に渡る。

経営者のバイブルとなる著書を、自身の経験から導き出された原理原則とバランス感覚を軸に展開する、まさに日本を代表するリーダーの一人である。

メールアドレス：atarashi-m@sepia.plala.or.jp

経営者が絶対に「するべきこと」「してはいけないこと」

新　将命 著

2016年 1月 31日初版発行

編　集－原　康明
編集長－太田鉄平
発行者－梶本雄介
発行所－株式会社アルファポリス
〒150-6005 東京都渋谷区恵比寿4-20-3 恵比寿ｶﾞｰﾃﾞﾝﾌﾟﾚｲｽﾀﾜｰ5F
TEL 03-6277-1601（営業）03-6277-1602（編集）
URL http://www.alphapolis.co.jp/
発売元－株式会社星雲社
〒112-0012東京都文京区大塚3-21-10
　TEL 03-3947-1021
装丁・中面デザイン－ansyyqdesign
印刷－中央精版印刷株式会社

価格はカバーに表示されてあります。
落丁乱丁の場合はアルファポリスまでご連絡ください。
送料は小社負担でお取り替えします。

ISBN 978-4-434-21564-3 C0034